ZAMANIN SAHİPLERİ
"SAHİB-ÜZ ZAMAN"

MURAT UKRAY

~ 2011 ~

ZAMANIN SAHİPLERİ

"SAHİB-ÜZ ZAMAN"

Yazarı (Author): Murat UKRAY (Turkish Writer)
Sayfa Düzeni ve Grafik Tasarım: E-Kitap Projesi
Yayıncı (Publisher): http://www.ekitaprojesi.com
Baskı ve Cilt (Print): POD (Publishdrive) Inc.
Sertifika No: 45502

İstanbul – Ağustos, 2023

ISBN: 978-625-8196-59-7
eISBN: 978-605-9654-34-0

İletişim ve İsteme Adresi:
E-Posta (e-mail): muratukray@hotmail.com
İnternet Adresi (web): www.kiyametgercekligi.com

© Bu eserin basım ve yayın hakları yazarın kendisine aittir. Fikir ve Sanat Eserleri Yasası gereğince, izinsiz kısmen ya da tamamen çoğaltılıp yayınlanamaz. Kaynak gösterilerek kısa alıntı yapılabilir.

قىیآمەة گەرچەكلیغي كُلِیَاتِى

Kıyâmet Gerçekliği Külliyâtından

صَاحبُ الزّامَانُ

ZAMANIN SAHİPLERİ

– SAHİB-ÜZ ZAMAN –

زامانىن صاحیپلەري

MURAT UKRAY

Hicrî 1431 / Miladî 2011

هجري ١٤٣١   مرآد أخرآي

Beni Yetiştiren Kıymetli BABAANNEM'in, Ve Bu Çalışmada Bana Manevî Destek Veren, Kıymetli Üstâdım ABDÜLKÂDİR-İ GEYLANÎ'nin,

Ve O'nun TALEBELERİ'nin,

Ve KIYAMET ve HAŞR'i İLAN ve İSBAT eden BÜTÜN İLİM EHLİ'nin,

... ANISINA ...

İÇİNDEKİLER

Giriş
{Kıyamet ve Ahir zamanın üç sırrı}..................................21-26

Birinci Pencere
{Fetih suresi 28. ayetin iki sırrı}..................................27-30

İkinci Pencere
{Alak suresi 6 ve 19. ayetlerin iki sırrı}..................................31-32

Üçüncü Pencere
{Duhan suresi 11. ayetin üç sırrı}..................................33-34

Dördüncü Pencere
{Hud 112, En'am 164, İsra 15, Zümer 7,
Necm 38 ve Fatır suresi 18. ayetlerin bir sırrı}..................35-37

Beşinci Pencere
{Zümer, Ahkâf ve Câsiye sureleri
1 ve 2. ayetlerinin bir sırrı}..................................38-39

Altıncı Pencere
{Tevbe suresi 129. ayetin üç sırrı}..................................40

Yedinci Pencere
{En'am suresi 161. ayetin üç sırrı}..41

Sekizinci Pencere
{Tevbe suresi 32. ayetin üç sırrı}.......................................42-44

Dokuzuncu Pencere
{İbrahim suresi 1. ayetin üç sırrı}......................................45-47

Onuncu Pencere
{Müzzemmil suresi 1 ve 5. ayetlerinin iki sırrı}................48-49

Onbirinci Pencere
{Müddessir suresi 1 ve 2. ayetlerinin iki sırrı}.................50-51

Onikinci Pencere
{Kaf suresi 1 ve 2. ayetlerinin iki sırrı}............................52-53

Onüçüncü Pencere
{Kaf suresi 19 ve 20. ayetlerinin dört sırrı}......................54-57

Ondördüncü Pencere
{Kıyamet Gerçekliği'nin Kaf, Kehf
ve Kasas surelerine bakan bir sırrı}................................58-78

Onbeşinci Pencere
{Kıyamet Gerçekliği'nin
Kıyamet suresine bakan bir sırrı}....................................79-83

Onaltıncı Pencere
{Kaf suresinin 41 ve 42. ayetlerinin bir sırrı}...............84-85

Onyedinci Pencere
{Kıyamet Gerçekliği'nin
Kamer suresine bakan bir sırrı}..........................86-90

Onsekizinci Pencere
{Kıyamet Gerçekliği'nin
Nebe suresine bakan bir sırrı}...........................91-93

Ondokuzuncu Pencere
{Kıyamet Gerçekliği'nin
Kehf suresi 1. ayetine bakan bir sırrı}..................94-95

Yirminci Pencere
{Kıyamet Gerçekliği'nin
Kehf suresi 2. ayetine bakan bir sırrı}.....................96

Yirmibirinci Pencere
{Kıyamet Gerçekliği'nin
Kehf suresi 3. ayetine bakan bir sırrı}..................97-98

Yirmiikinci Pencere
{Kıyamet Gerçekliği'nin
Kehf suresi 4. ayetine bakan bir sırrı}.................99-100

Yirmiüçüncü Pencere
{Zuhruf suresi 61 ve 63. ayetlerinin iki sırrı}.........101-103

Yirmidördüncü Pencere
{Büyük Kıyamet'in
Ahirzaman'a açılan 33'er senelik altı sırrı}..........................104

Yirmibeşinci Pencere
{Zil-Zal suresi 1. ayetin bir sırrı}.................................105-106

Yirmialtıncı Pencere
{Zil-Zal suresi 2. ayetin bir sırrı}.................................107-108

Yirmiyedinci Pencere
{Zil-Zal suresi 6. ayetin bir sırrı}.................................109-110

Yirmisekizinci Pencere
{Adiyat suresi 9. ayetin bir sırrı}...................................111

Yirmidokuzuncu Pencere
{Vakı'a suresi 4. ayetin bir sırrı}...................................112

Otuzuncu Pencere
{Vakı'a suresi 4 ve 5. ayetlerinin bir sırrı}..........................113

Otuzbirinci Pencere
{Karia suresi 1-3. ayetlerinin bir sırrı}..........................114-115

Otuzikinci Pencere
{Karia suresi 4 ve 5. ayetlerinin bir sırrı}......................116-117

Otuzüçüncü Pencere
{Asr suresi 1-3. ayetlerinin üç sırrı}..................118-119

Otuzdördüncü Pencere
{"*Allah her 100 senede bir Müceddid gönderiyor*"
Hadisinin beş sırrı}..120-136

Otuzbeşinci Pencere
{Kıyamet Gerçekliği'nin "*Kayyum*"
ism-i celiline bakan bir sırrı}...........................137-138

Otuzaltıncı Pencere
{"*Mehdî*" isminin bir sırrı}..................................139

Otuzyedinci Pencere
{"*Sahibüzzaman, -Zamanın Sahibi-*" isminin bir sırrı}.........140

Otuzsekizinci Pencere
{"*Ahirzaman Mehdi'si*" isminin bir sırrı}....................141

Otuzdokuzuncu Pencere
{"*Kıyamet Gerçekliği*"nin isminin bir sırrı}.................142

Kırkıncı Pencere
{"*Kıyamet Gerçekliği Müellifi*"nin isminin bir sırrı}........143

Kırkbirinci Pencere
{Hz. Ali'nin Hz. Mehdi ile ilgili bildirdiği
Altı işaretin birinci sırrı}....................................144-145

Kırkikinci Pencere
{Hz. Ali'nin Hz. Mehdi ile ilgili bildirdiği
Altı işaretin ikinci sırrı}......................................146-148

Kırküçüncü Pencere
{Hz. Ali'nin Hz. Mehdi ile ilgili bildirdiği
Altı işaretin üçüncü sırrı}....................................149-150

Kırkdördüncü Pencere
{Hz. Ali'nin Hz. Mehdi ile ilgili bildirdiği
Altı işaretin dördüncü sırrı}................................151-152

Kırkbeşinci Pencere
{Hz. Ali'nin Hz. Mehdi ile ilgili bildirdiği
Altı işaretin beşinci sırrı}....................................153-154

Kırkaltıncı Pencere
{Hz. Ali'nin Hz. Mehdi ile ilgili bildirdiği
Altı işaretin altıncı sırrı}...155

Kırkyedinci Pencere
{Abdulkadir-i Geylani Hazretlerinin Hz. Mehdi
ile ilgili bildirdiği Altı işaretin birinci sırrı}............156-160

Kırksekizinci Pencere
{Abdulkadir-i Geylani Hazretlerinin Hz. Mehdi
ile ilgili bildirdiği Altı işaretin ikinci sırrı}..........................161

Kırkdokuzuncu Pencere
{Abdulkadir-i Geylani Hazretlerinin Hz. Mehdi
ile ilgili bildirdiği Altı işaretin üçüncü sırrı}....................162-163

Ellinci Pencere
{Abdulkadir-i Geylani Hazretlerinin Hz. Mehdi
ile ilgili bildirdiği Altı işaretin dördüncü sırrı}......................164

Ellinbirinci Pencere
{Abdulkadir-i Geylani Hazretlerinin Hz. Mehdi
ile ilgili bildirdiği Altı işaretin beşinci sırrı}........................165

Elliikinci Pencere
{Abdulkadir-i Geylani Hazretlerinin Hz. Mehdi
ile ilgili bildirdiği Altı işaretin altıncı sırrı}....................166-171

Elliüçüncü Pencere
{Ahirzamandaki Cemaat-i İslamiyenin durumundan haber veren mühim bir hadisin Üç gaybi işaretinden birincisinin sırrı}..172-173

Ellidördüncü Pencere
{Ahirzamandaki Cemaat-i İslamiyenin durumundan haber veren mühim bir hadisin Üç gaybi işaretinden ikincisinin sırrı}...174

Ellibeşinci Pencere

{Ahirzamandaki Cemaat-i İslamiyenin durumundan haber veren mühim bir hadisin Üç gaybi işaretinden üçüncüsünün sırrı}..175

Ellialtıncı Pencere

{Fatiha suresinin Ahirzaman'a bakan mühim bir gaybi sırrı}..........................176-177

Elliyedinci Pencere

{Kıyametin Büyük Alametlerinden olan Ye'cüc ve Me'cüc meselesinin hakikatini bildiren Altı işaretin alt sırrı}......178-186

Ellisekizinci Pencere

{Kıyametin Büyük Alametlerinden olan Dabbet-ül Arz meselesinin hakikatini bildiren Üç işaretin üç sırrı}..187-190

Ellidokuzuncu Pencere

{Kıyametin Büyük Alametlerinden olan Güneşin Batıdan Doğması meselesinin hakikatini bildiren İki işaretin iki sırrı}..191-193

Altmışıncı Pencere

{Kıyamet Sürecinde yaşanacak olaylardan birisi olan Yıldızların Işığının Azalması hadisesinin hakikatini bildiren Bir işaretin bir sırrı}..................................194-195

Altmışbirinci Pencere

{Kıyamet Sürecinde yaşanacak olaylardan birisi olan Karaların Denizlerle Kaplanması hadisesinin hakikatini bildiren İki işaretin iki sırrı}...................................196-198

Altmışikinci Pencere

{Kıyamet Sürecinde yaşanacak olaylardan birisi olan Denizlerin Kaynaması hadisesinin hakikatini bildiren Bir işaretin bir sırrı}...................................199-200

Altmışüçüncü Pencere

{Kıyamet Sürecinde yaşanacak olaylardan birisi olan Atmosferin Ortadan Kalkması hadisesinin hakikatini bildiren Bir işaretin bir sırrı}...................................201

Altmışdördüncü Pencere

{Kıyamet Sürecinde yaşanacak olaylardan birisi olan Denizlerin Kuruması hadisesinin hakikatini bildiren Bir işaretin bir sırrı}...................................202-203

Altmışbeşinci Pencere

{Sur'un Birinci kez Üfürülmesiyle birlikte Kabirlerdeki Ölmüş Ruhanilerin Yeniden Diriltilmesi hadisesinin hakikatini bildiren Bir işaretin bir sırrı}...................................204-205

Altmışaltıncı Pencere

{Sur'un İkinci kez Üfürülmesiyle birlikte Kainatın Büyük Ölçekli Kıyametinin kopması hadisesinin hakikatini bildiren Bir işaretin bir sırrı}...................................206-208

Yazar Hakkında

Murat UKRAY

17 Ağustos 1976 tarihinde İSTANBUL'da doğdu. İlk, Orta ve Lise öğrenimini İstanbul'da tamamladı. Daha sonra YILDIZ TEKNIK Üniversitesi ELEKTRONİK Mühendisliği Bölümünde ve aynı Üniversitenin FEN BILIMLERI Enstitüsünde Yüksek Lisans öğrenimi gördü. 2000'li yıllardan bu yana, çeşitli yerli ve yabancı kaynaklardan araştırmalar yaparak İmani ve Bilimsel konularda çeşitli Makaleler ve Grafik Tasarımları (Aralarında Mevlana Hz., Üstad Bediüzzaman Said Nursi'ye v.b. ait çizimlerin de bulunduğu) eserleri hazırladı. Çocuklar için GALAXY isimli bir oyun tasarladı. Yazarın, Kaotik Zaman Serileri ve Yapay Sinir Ağlarıyla Borsada tahmin sistemleri üzerine uluslararası düzeyde yayınlanmış bir makalesi ve yayınlanmış iki kitabı vardır. Bunlardan ilki (KIYAMET GERÇEKLİĞİ), Kur'ân'daki İncil'deki ve diğer bazı ilmî kaynaklardaki Kıyametin büyük alametlerini içinde bulunduğumuz zamana yönelik açıklamaya ve aydınlatmaya yönelik bir çalışmadır. Kitaba ayrıca, ayrıca Günümüz Türkçesini Osmanlıca Alfabesine kodlayan bir de Osmanlıca Alfabesi konulmuştur. Kitap, bu konuyla ilgili KUR'ÂN âyetleri ve Hadislere yönelik Batınî bir tefsirdir. İkincisi ise (5-BOYUTLU RELATİVİTE& BİRLEŞİK ALAN TEORİSİ), PLATON'dan günümüze kadar devam eden süreç içerisinde yapılan Fizik yasalarını birleştirme çabasına yönelik bir çalışma olup, Kur'ânın bazı semavî müteşâbih ayetlerinin tefsirine

yönelik, bugüne kadar çeşitli bilim adamları tarafından yapılmış matematiksel ve fiziksel çalışmaları da içerecek şekilde, gözlemleyebildiğimiz maddi evreni matematiksel olarak açıklamaya çalışan zahirî bir tefsirdir. Kitapta Evrenin yapısını ve Karadelikleri açıklayan HİKMET (FİZİK) yasaları çeşitli teoremlerle anlatılmakta olup, yüksek bir MATEMATİK bilgisi gerektirmektedir. Her iki çalışmanın da amacı İMAN-I TAHKİKÎ'nin BATINÎ ve ZAHİRÎ kutuplarına yöneliktir.

2011 yılında, "İnternette e-kitap yayıncılığı ilkeleri" ve "5-Boyutlu Relativite & Birleşik Alan Kuramı & Quantum Mekaniği"nin birleştirilmesi üzerine iki makale yayımladı. Bu makaleleri büyük ses getirdi ve çoğu kişi web yayıncılığına yöneldi. İkinci makalesindeki fikirlerini, temel Fizik yasalarını en küçük ölçeklerde birleştirmeye çalışan ve halen üzerinde çalışılan "Birleşik Alan Teorisi" isimli eserini 2007 yılında yazmaya başladı. 2000'li yıllardan bu yana, çeşitli yerli ve yabancı kaynaklardan araştırmalar yaparak, Akademik, Web yayıncılığı ve Bilimsel konularda çeşitli Makaleler, Projeler yürütmüş olup, yine çoğu dini araştırmalar olmak üzere, çeşitli Grafik Tasarımları ile Kitap kapakları hazırladı. Bu yüzden, yurtdışında profesyonel yayıncılık için kendine editoryal ve grafik sanatları olarak iki yönlü geliştirerek kuvvetli bir alt yapı hazırladı. Aralarında, 2006 yılında kaleme aldığı ilk eseri "KIYAMET GERÇEKLİĞİ" ve 2007 yılında kaleme aldığı "5-BOYUTLU RELATİVİTE & BİRLEŞİK ALAN TEORİSİ", 2008 yılında kaleme aldığı "İSEVİLİK İŞARETLERİ" ile diğer eserleri olan "YARATILIŞ GERÇEKLİĞİ" (2009), ve yine Mevlanayla ilgili "MESNEVİYYE-İ UHREVİYYE" (2010) (AŞK-I MESNEVİ) ve "ZAMANIN SAHİPLERİ" (2011) isimli otobiyografik roman olmak üzere yayımlanmış toplam 14 türkce kitabı ile çoğu FİZİK ve METAFİZİK konularında olmak üzere, ingilizce olarak yayınlanmış toplam 5 kitap olmak üzere tamamı 19 yayımlanmış eseri vardır..

Yazar, daha sonraki zamanda tüm kitaplarının ismine genel olarak, her biri KIYAMET'i isbat ve ilan etmek üzere odaklandığından "KIYAMET GERÇEKLİĞİ KÜLLİYATI" ismini vermiş, ve 2010 yılından beri zaman zaman gittiği AMERİKA'daki aynı isimde kurmuş olduğu (www.kiyametgercekligi.com) web sitesi üzerinden kitaplarını *sadece* dijital elektronik ortamda, hem düzenli olarak yılda yazmış veya yayınlamış olduğu diğer eserleri de yayın hayatına E-KİTAP ve POD (Print on Demand -talebe göre yayıncılık-) sistemine göre yayın hayatına geçirerek okurlarına sunmayı ilke olarak edinirken; diğer yandan da, projenin SOSYAL yönü olan doğayı korumak amaçlı başlattığı "E-KİTAP PROJESİ" isimli yayıncılık sistemiyle KİTABINI KLASİK SİSTEMLE YAYINLAYAMAYAN "AMATÖR YAZARLAR" için, elektronik ortamda kitap yayıncılığı ile kitaplarını bu sistemle yayınlatmak isteyen PROFESYONEL yayıncılar ve yazarlar için de hemen hemen her çeşit kitabın (MAKALE, AKADEMİK DERS KİTABI, ŞİİR, ROMAN, HİKAYE, DENEME, GÜNLÜK TASLAK) elektronik ortamda yayıncılığının önünü açan E-YAYINCILIĞA başlamıştır..

Yazar, halen çalışmalarına İstanbul'da devam etmektedir.

Yazarın yayınlanmış diğer Kitapları:

1- Kıyamet Gerçekliği *(Kurgu Roman) (2006)*

2- Birleşik Alan Teorisi *(Teori – Fizik & Matematik) (2007)*

3- İsevilik İşaretleri *(Araştırma) (2008)*

4- Yaratılış Gerçekliği- 2 Cilt *(Biyokimya Atlası)(2009)*

5- Aşk-ı Mesnevi *(Kurgu Roman) (2010)*

6- Zamanın Sahipleri *(Deneme) (2011)*

7- Hanımlar Rehberi *(İlmihal) (2012)*

8- Eskilerin Masalları *(Araştırma) (2013)*

9- Ruyet-ul Gayb (Haberci Rüyalar) *(Deneme) (2014)*

10- **Sonsuzluğun Sonsuzluğu (114 Kod)** *(Teori & Deneme) (2015)*

11- **Kanon (Kutsal Kitapların Yeni Bir Yorumu)** *(Teori & Araştırma) (2016)*

12- **Küçük Elisa (Zaman Yolcusu)** *(Çocuk Kitabı) (2017)*

13- **Tanrı'nın Işıkları (Çölde Başlayan Hikaye)** *(Bilim-Kurgu Roman) (2018)*

14- **Son Kehanet- 2 Cilt** *(Bilim-Kurgu Roman) (2019)*

http://www.ekitaprojesi.com
http://kiyametgercekligi.com

"Ümmetimden bir taife, Kıyamete kadar hak üzerinde galip olarak gidecektir."

Hz. Muhammed (SAV)

ÖNSÖZ

KUR'ÂN-I HAKÎM'de, **K**IYAMET'e ve AHİR ZAMAN'a bakan pek çok âyetin cifirsel hesaplamalarını ele aldığım, küçük bir kitapçık şeklinde fakat içeriği ve ele aldığı meseleleri gayet geniş olan bu önemli eserimde, ahirzamanda gerçekleşecek olan pek çok önemli dini meselelerden ve kıyamet alametlerinden kısa kısa özet parçalar halinde yalnız işaret etmek suretiyle bahsedeceğim. Detaylarına girmeyeceğim. Elbette ki, elde edilen bu cifirsel sonuçların kaynağı olan Kur'an bahri, burada kısaca ele aldığım ve bahsettiğimden çok daha fazlasını içerir ve buradaki yekûn, o bahrin ve okyanusun yalnızca küçücük bir damlası belki bir katresi hükmündedir. Bununla birlikte, diğer Kıyamet Gerçekliği eserlerinin aksine, bu eserde sadece Arapça bir Kur'ân ile bir ebced hesabı tablosundan başka kaynak kullanılmayıp; elde edilen sonuçlar **33 PENCERE** ve **33 HAKİKAT**'ten meydana gelen toplam **66 MADDE** halinde not edilmiştir. Ayrıca, Kur'ândaki bazı âyetlerde Kıyamet Gerçekliğine ve Müellifine yapılan işaretlerin bir kısmını da ele aldığım bu eserimde, içinde bulunduğumuz ahir zamanın önemi ve kıyamet konusu ana temayı oluşturarak, açıklamaları da verilen detaylı cifirsel hesaplamalar yardımıyla vurgulanmaya çalışıldı..

Ben, kendi tarihçe-i hayatıma ilişkin bir eser hazırlamayı çok zaman düşünmüştüm fakat sonradan gördüm ki, buna lüzum kalmadı ve bu eser bir nevi Kıyamet Gerçekliği'nin ve Müellifinin kısa bir tarihçe-i hayatı hükmüne geçti. Bir nevî Kıyamet Gerçekliği'nin kerameti ve önemli bir kısım tevâfukâtı olan bu özel ve şimdilik açıklanmasını uygun görmediğim bu mahrem kısımlarda; henüz bende kesinliğine ilişkin tam bir fikir bulunmamakla birlikte günümüzde henüz ortaya çıkmaya başlayan manevi ve hakiki bir tefsirin önemine işaret edilmekle beraber, çok tartışılan Hz. Mehdi'nin gelişi ve Hz. İsa'nın ikinci gelişi gibi önemli meselelere ve diğer Kıyamet alametlerine de detaylı olarak değinilerek, belki de daha önceki hiçbir çalışmada değinilmemiş yönleriyle gerçekçi bir şekilde ele alınarak Kıyamet ve Haşir konuları tahkiki bir şekilde isbatlanmaya çalışıldığı gibi, bu küçük risale Kıyamet Gerçekliği'nin hakiki bir numunesi hükmüne geçmiştir..

GİRİŞ

بِسْمِ اللَّهِ الرَّحْمَٰنِ الرَّحِيمِ

EY ÜSTAD! KUR'ÂN-I HAKÎM'in Gaybî Müteşâbih **33 SÛRESINDEN** ve **33 ÂYETİNDEN** İstifade Ettiğim **AHİR ZAMAN**'a ve **KIYAMET**'e İlişkin **33 MESELE**'yi, **33 HAKİKAT**'i ve Tamamı **6666 Âyet** Olan **KUR'ÂN-I HAKÎM**'in **ÜÇTE BIRLIK BÖLÜMÜNÜ** Oluşturan ve **KIYÂMET**'i ilân eden **2222 ÂYETİ**'nin Makâm-ı Cifrîsinden Çıkan **33** Sonucu; **ZAMAN**'ı **33 YILDA** Bir Yenileyen ve Makâm-ı Cifrîsi iki adet **33** Olan **ZAMANIN SAHİBİ** ve **SAKİNLERİ** İçin; **AHİR ZAMAN**'a ve **KIYAMET**'e Açılan iki adet **33 PARÇA**'dan Oluşan **66 PENCERE** Halinde; <u>**CİFİR İLMİ ve GAYB LİSANIYLA**</u> İfade Edeceğim..

Kim İsterse İstifade Edebilir...

KUR'ÂN-I HAKÎM'de **KIYAMET**'e ve **AHİR ZAMAN**'a bakan pek çok âyetin cifirsel hesaplamalarını ele aldığımız, küçük bir kitapçık şeklinde fakat içeriği ve ele aldığı meseleleri gayet geniş olan bu önemli eserimizde, ahirzamanda gerçekleşecek olan pek çok önemli dini meselelerden ve kıyamet alametlerinden kısa kısa özet parçalar halinde yalnız işaret etmek suretiyle bahsedeceğiz. Detaylarına girmeyeceğiz. Elbette ki, elde edilen bu cifirsel sonuçların kaynağı olan Kur'an bahri, burada kısaca ele aldığımız ve bahsettiğimizden çok daha fazlasını içerir ve buradaki yekûn, o bahrin ve okyanusun yalnızca küçücük bir damlası belki bir katresi hükmündedir. Bununla birlikte, diğer Kıyamet Gerçekliği eserlerinin aksine, bu eserde sadece Arapça bir Kur'ân ile bir ebced hesabı tablosundan başka kaynak kullanılmayıp; elde edilen sonuçlar **33 PENCERE** ve **33 HAKİKAT**'ten meydana gelen toplam **66 MADDE** halinde not edilmiştir. Ayrıca, Kur'ândaki bazı âyetlerde Kıyamet Gerçekliğine ve Müellifine yapılan işaretlerin bir kısmını da ele aldığımız bu eserimizde, içinde bulunduğumuz ahir zamanın önemi ve kıyamet konusu ana temayı oluşturarak, açıklamaları da verilen detaylı cifirsel hesaplamalar yardımıyla vurgulanmaya çalışıldı. Bir nevî Kıyamet Gerçekliği'nin kerameti ve önemli bir kısım tevâfukâtı olan bu özel kısımlarda, günümüzde henüz ortaya çıkmaya başlayan manevi ve hakiki bir tefsirin önemine işaret edilmekle beraber, çok tartışılan Hz. Mehdi'nin gelişi ve Hz. İsa'nın ikinci gelişi gibi önemli meselelere ve diğer kıyamet alametlerine de detaylı olarak değinilerek, belki de daha önceki hiçbir çalışmada değinilmemiş yönleriyle gerçekçi bir şekilde ele alınarak kıyamet ve haşir konuları tahkiki bir şekilde isbatlanmaya çalışılmıştır.

KIYÂMET ALÂMETLERİ ve tarihlerindeki bazı gizli sırlar zamanımızda neden bu kadar önem kazanmıştır? Ayrıca bu mesele, zamanımızda neden bu kadar önemlidir ve imtihan sırrının, kıyamet sürecinin günümüze bakan bir yönüyle ilişkisi var mıdır? Şeklinde bazı sorular gelebilir aklımıza. Bunu basit bir şekilde, şu şekildeki bir üç durumlu örnekle açıklayabiliriz:

Tarih-i Kadim'in eski zamanlarındaki imtihan özelliğinden ve medeniyetin çok fazla inkişaf etmemesinden dolayı, çoğu ehl-i tahkik bu meseleye sadece icmalen değinir, işârî manada genel yorumlar getirerek, konunun tüm medeniyete ders verecek bir tarzda altyapısı olmadığından ve tam olarak henüz kıyametin işaretlerinin büyük bir kısmı belirmediğinden dolayı detaylarına giremezdi. Çünkü kıyamet zamanı o eski dönemlere göre oldukça uzaktı ve bu kadar kısa bir bilgi o dönemin insanı için yeterli sayılıyordu. Halbuki günümüzde, bu konu hemen hemen her zaman tartışılan ve hemen her sahada etkisini gösteren ağırlıklı bir meselenin merkezini teşkil etmektedir. Dolayısıyla, günümüzde dinin hakâik-ı imâniye kısmına bakan pek çok imtihan sırrı bu mesele ekseninde yoğunlaşmıştır. Bu durumu şöyle bir **üç** durumlu örnekle açıklayabiliriz:

Birincisi: Birisi size, içerisinde önemli bilgilerin bulunduğu bir kutu olduğundan bahsediyor ve içerisindeki bilgi o zamanla çok alakadar olmadığı için bazı ehl-i tahkik der ki:

"Böyle bir kutunun varlığı şüphe götürmez, fakat yerini bilmemekle beraber tahmini olarak filan yerde ve zamandadır" der, sadece işaret eder.

İşte, tarih-i kadimin eski zamanlarındaki kıyamet bilgisi bu nevîdendir.

İkincisi: Birisi de size, yine önemli bilgilerin bulunduğu bir kutu olduğundan bahseder fakat içeriğindeki bilgi o zamanla çok az alakadar olduğu için, kutunun içerisindeki bazı önemli bilgileri sınırlı bir şekilde izah eder, açıklar. Onun için bazı ehl-i tahkik der ki:

"*Kutudaki bilgilerin varlığı çok önemli olmakla birlikte, şu zamanla ilgisi olan bir kısmı şunlardır ve geriye kalanlar gaybî olan müteşâbihâttandır*" der, detaylarına girmez.

İşte, kıyamete görece daha yakın olan tarih-i mukaddimenin hazır elinde bulunan bazı kıyamet bilgisi bu nevîdendir.

Üçüncüsü ise: Bir kısım ehl-i tahkik ise, bu kutudaki bilginin içerdiği bilgiyle ilgili olan zaman diliminin çok yaklaşması sebebiyle, kutudaki bilgilerin ait olduğu meselelerin çok yaklaşmış olduğu bir zamanda konu ile çok alakadar olduğu hatta, o zamanın hakikatinin merkezini oluşturduğu için ve bir derece en önemli tahkiki iman meselesi haline geldiği için içindeki bilgilerin tamamını size gösterir ve zaman makinesi-misal elinizdeki hazır bir bilgi birikimi gibi gösterir ki, artık içerisine girdiğimiz o kutudaki makinenin ve onun programı hükmündeki bilgi paketinin ahirzamanın gerçekleşmeye başlayan ve gözümüzün önünde cereyan etmeye başlayan kıyamet alametleri olduğunu ve açıklanmasının bir derece zorunlu olduğunu gösterir. Çünkü, eski zamanlarda kutudaki bilgiyle ilgili yakın işaretlerin pek çoğu, hatta çok eski zamanlarda hiçbirisi gerçekleşmemişti. Dolayısıyla, o eski zamanlarda iman-ı tahkiki'nin önemli bir kutbunu oluşturan kıyamet ve haşr'e iman, diğer iman esaslarından çok sonra geldiği için, iman-ı tahkikinin zahiri ve Batıni kutupları bu meseleye çok fazla bakmıyordu ve bunun için açıklanması ve isbat edilmesi çok lüzumlu olmuyordu. Bu yüzden, içerisine girdiğimiz kıyamet döneminde, özellikle son 20-30 yılda, kıyametin hadislerde bildirilen tüm küçük alametleriyle birlikte büyük alametlerinin de işaretlerinin ortaya çıkmaya başlaması nedeniyle, kıyamete yakın olan tarih-i hazır içerisinde hazır olarak bulunan bu anahtar ve şifreli bilgiler, meselelerin boyutuna göre bu bilginin elimizde hazır olarak bulunan kıyamet bilgisi ve onunla bağlantılı olan ve önemli bir kutbunu oluşturan tahkikî iman bilgisi nevîdendir.

Dolayısıyla, bu meselede eski dönemlerdeki pek çok ehl-i tahkikin sadece işaret ederek, daha gerçekleşme vakitleri gelmediği için detaylarına girmemeleri ve açıklayamamaları bu sebeptendir. **İşte bu yüzdendir ki, o eski zamanlardaki ehl-i tahkik üstadları, faraza üstad Said-i Nursî ve Abdulkadir-i Geylanî gibi zatlar dahi, şu zamanda bulunsalar tahkiki imanı tahsil etmek için şu meseleye daha çok çalışacaklar, diğer bir kısım hakâik-ı imâniyeyi ise, ikinci veya üçüncü plana alacaklardı.** Hatta bir hadis-i şerifte, eski zamanlara ders verilirken der ki: **"Kıyameti bekleyiniz, intizar ediniz!"** Halbuki, ahir zamandaki ehl-i tahkik için der ki: **"Kıyamete hazırlanınız, onunla ve ortaya çıkmaya başlayan açık işaretleriyle korkutup uyarınız, ders alınız!"** Yine aynı metodolojiyi, Kur'ân-ı Hakîm'de de görürüz.

Özellikle, büyük bir kısmını teşkil eden ve **kur'ân'ın ilk 1-25 cüzlük kısmını oluşturan bölümlerinde kıyamet ve haşirden yer yer bahsedilirken; daha küçük bir hacmi kaplayan son 30-40 suresini içeren 25-30. cüzlerine baktığımızda, ağırlıklı olarak kıyamet ve ahir zamana ilişkin olaylar ile Haşir, Cennet ve Cehennem ehlinin akibetleri ve durumları gibi meselelerin detaylı olarak anlatıldığını görürüz.** İşte bu da, iman-ı tahkikinin ahir zamana bakan önemli bir kutbunu oluşturur ki, **ahirzamana ilişkin tasarrufu bulunan üç büyük evliyadan ikisi olan gavs-ı azâm ve imam-ı rabbanî gibi önemli zatlar, iman-ı tahkikinin bu kutbuna işaret ederek, Hz. Mehdi'nin zuhuru ve güneşin batıdan doğması gibi bazı kıyametin büyük alametlerinde o kutbun bir vechini keşfetmişlerdir.**

AHİR ZAMANA VE KIYAMETE 33'ER YIL ARAYLA AÇILAN 33 ADET PENCEREDİR

KUR'ÂN-I HAKÎM'de, peygamberimiz dönemindeki ve ta eski zamanlardaki olaylara ve bu önemli olayların gaybî gerçekleşme tarihlerine baktığı gibi; günümüze ve hatta geleceğe de bakan bazı işârî manalar vardır. Şimdi bunlardan günümüze bakan önemli bir kısmını Kıyamet Gerçekliği bazında ele alalım ve cifirsel sonuçlarını kronolojik bir tarih sıralamasına göre sırasıyla inceleyelim:

◊ BİRİNCİ PENCERE ◊

☐ **BİRİNCİ MESELE:** Büyük Kıyametin en büyük işareti sayılan, Hz. Mehdi'nin Zuhurunu, yani ortaya çıkışını veren tarihdir ki;

Fetih Sûresi, 28. âyetinde:

بِسْمِ اللّٰهِ الرَّحْمَنِ الرَّحِيمِ

هُوَ الَّذِي اَرْسَلَ رَسُولَهُ بِا لْهُدٰي وَ دِينِ الْحَقِّ لِيُظْهِرَهُ عَلَي الدِّينِ كُلِّهِ وَ كَفٰي بِااللّٰهِ شَهِيداً

"Hak dinini Bütün dinlerden üstün kılmak üzere, Elçi'sini, yol gösterme ve doğru din ile gönderen O'dur. Tanık olarak Allah yeter."

{Fetih, 28}

هُوَ الَّذِي اَرْسَلَ رَسُولَهُ بِا لْهُدٰي

لِيُظْهِرَهُ عَلَي الدِّينِ كُلِّهِ وَ كَفٰي بِااللّٰهِ شَهِيداً

cümlelerinin makam-ı cifrisi, bütün şeddeli harfler ikişer ve sondaki tenvin bir nun (50) sayılmak şartıyla, sırasıyla **hicri 1426** veya **miladi 2006** ve **hicri 1419** veya **miladi 1999** tarihlerine tam olarak tevafuk ederek, Hz. Mehdi'nin bu tarihlerde manevi mücadelesine ve çalışmalarına başlayacağına harika bir tarzda hem remzen, hem işareten ve hem de dalaleten açık bir şekilde işaret eder.

◊ İKİNCİ PENCERE ◊

☐ **İKİNCİ MESELE:** İnsanlık tarihinde, temelleri karmaşa ve kaos teorisine dayanan, daha önce eşi görülmemiş bir inkarcı fikir sisteminin dünya üzerindeki tüm milletleri bölüp, sınıfsal olarak ayrıştırmaya ve etnisiteye bağlı demografik grup çatışmaları yoluyla toplumları ayrıştırmaya yönelik daha önce benzeri görülmemiş firavunâne ve emsalsiz bir tuğyanın başlangıcına ve yine aynı tarihte bu deccalâne fikir akımına karşı ilmi eserlerle ve metodlarla mücahedeye başlayan ve Kur'ân-ı Hakîmin İ'caz-ı Mu'cizeviyesini tüm pozitif bilimlerden yararlanarak, ahirzamana ve kıyamete yönelik olarak isbat edip, bu fikir akımına karşı bir panzehir hükmünde olan ve Kur'ân-ı Hakîmin vahy-i semavisinden nuzul eden bir eser olan bir tefsir-i hakikinin mukaddemesine ve hazırlık çalışmalarının mebde-i başlangıcına;

$$\text{كَلَّا إِنَّ الْإِنْسَانَ لَيَطْغَى}$$

"Muhakkak ki insan, kendi kendisini yeterli görerek (Yani, adeta her bir nefse, cisme, moleküle veya atoma birer rububiyyet vererek ki, bu da Deccal'ın inkarcı fikir sistemini oluşturan Kaos Teorisi'nin temelini oluşturur) azmakta ve sapıtmaktadır."

{Alak, 6}

Ayeti, "لَيَطْغَى" yani "**Azmış ve sapıtmış**" olarak tanımlayarak makam-ı cifrisi şeddeli lam ve nunlar ikişer sayılmak şartıyla, **hicri 1424** veya **miladi 2004** yaparak bu tuğyanın ortaya çıkış tarihine ve bu inkarcı fikir akımına karşı Kur'ân'dan çıkan tahkiki bir tefsirin mukaddemâtının başlangıç tarihlerine harika bir tarzda hem remzen ve hem de işareten dalalet eder. Aynı zamanda bu tarihlerde, ilim ve fikirce istidatsız ve yetersiz iken, birden çok kısa bir zamanda ilerleyerek harika bir surette o dehşetli fikirlerin ortaya çıktığı ayn-ı zamanda 3-4 ay gibi kısa bir sürede, aralarında büyük ve önemli birçok İslam eseriyle birlikte fen bilimlerine ve pozitif bilimlere ait kitabın da bulunduğu yaklaşık 80-100 eseri birden mütalaa ederek ve çoğunu aklında tutarak kıyamet gerçekliğinin ilk makalelerini yazmaya başladığı tarihlere de denk gelir. Buna karşılık, aynı suredeki;

كَلَّا لَا تُطِعْهُ وَاسْجُدْ وَاقْتَرِبْ

"**Hayır, hayır! O'na (Deccal'e) uyma; ama secde et ve yaklaş!**"

{Alak, 19}

ayetiyle cevap verilerek, makam-ı cifrisi şeddeli lam iki lam (60) ve sondaki iki vakıf iki vav (12) ve ayetin en sonundaki bir kasr-ı atıf bir he (5) sayılmak şartıyla, **hicri 1396** veya **miladi 1976** yaparak, bu inkarcı akıma karşı eserleriyle mücadele eden Kıyamet Gerçekliği müellifinin besmele-i hayatına kuvvetli bir şekilde remzen işaret eder.

◊ ÜÇÜNCÜ PENCERE ◊

☐ **ÜÇÜNCÜ MESELE:** Kıyametin büyük alametlerinin ne kadar süre etkisini devam ettireceğini ve bu büyük işaretlerin ne zaman son bularak kıyamet sürecinin ne zaman başlayacağını gösterir ki;

يَغْشَى النَّاسَ هَذَا عَذَابٌ أَلِيمٌ

"O duman insanları kaplar, işte bu elîm bir azaptır."

{Duhân, 11}

ayetinde bahsi geçen, **"Göğün getireceği dumanlı ve zehirli bir gaz"**dan açıkça bahseden;

"يَغْشَى النَّاسَ" yani **"İnsanlığı kaplar"** cümlesinin makam-ı cifrisi şeddeli nun iki nun (100) sayılmak şartıyla **hicri 1512** veya **miladi 2091** yaparak bu tarihte gökyüzünden gelecek olan bu elim azabın;

"هَذَا عَذَابٌ أَلِيمٌ" yani **"Bu insanlık için elim ve şiddetli bir azaptır."** cümlesinin makam-ı cifrisi, tenvinler sayılmamak şartıyla **hicri 1560** veya **miladi 2136** yaparak bu azabın ne kadar devam edeceğini ve bu dönem içerisinde mü'minlerin bu duman azabıyla vefat ettirilerek, kafirlerin üzerine kopacak olan büyük kıyametin iyice yaklaştığını gösterir. Eğer sayılmayan sondaki bir tenvin bir nun (50) olarak ilave edilirse, **hicri 1610** veya **miladi 2184** yaparak gökyüzünden gelen büyük bir meteorun neden olduğu şiddetli bir çarpmanın etkisiyle gerçekleşecek olan ikinci büyük bir duman azabıyla birlikte, yeryüzündeki tüm canlı hayatıyla birlikte kafirlerin üzerine kıyametin kopması tarihini verir.

Ayrıca, "هَذَا آخِرُ الزَّمَانِ" yani "**Bu ahir zamandır, yani zamanın sonu, kıyamettir.**" İfadesinin makam-ı cifrisi de, şeddeli ze (1) sayılmak şartıyla **hicri 1630** veya **miladi 2204** yaparak; 2004 yılında başlayan bu tuğyandan sonra dünya hayatının ancak 200 yıl kadar devam edeceğini bildirerek, halen aklı başında olan insanlığı gayb-aşina gözüyle 1600 sene öncesinden görerek uyarır ve istikamete davet eder.

◊ DÖRDÜNCÜ PENCERE ◊

☐ **DÖRDÜNCÜ MESELE:** Hud suresinin 112. ayetinde bildirilen ve Kıyamet Gerçekliği müellifinin istikamet-i hayatına dalalet eden;

$$\text{فَاسْتَقِمْ كَمَا أُمِرْتَ}$$

Yani, "**(Sana) emrolunduğu gibi, dosdoğru ol!**" ayetidir ki, müellif bu ayet-i kerimeyi kendi hayatında önemli bir düstur edinmiştir. Bu ifadenin makam-ı cifrisi, **hicri 1403** veya **miladi 1983** yaparak, müellifin istikamet-i hayatına remzen işaret eder. Buradaki, "أُمِرْتَ" müellifin ismine işaret ettiği gibi, istikamet-i ilmiyesinin başlangıcı olan tedrise ve Kur'an ilimlerinin alifbasına besmele deyip başladığı tarihe de remzen işaret eder. Hem sonra, müellifin soy ismi ve esas künyesi olan "أُخْرَى" kelimesi Kur'an-ı Hakimde kıyamete ve yeniden dirilişe işaret eden pek çok ayette geçtiği gibi beş yerde tekrar eden, En'am suresi 164., İsra suresi 15., Zümer suresi 7., Necm suresi 38. ve Fatır suresi 18. ayetlerde geçen;

$$\text{وَلَا تَزِرُ وَازِرَةٌ وِزْرَ أُخْرَى}$$

Yani, "**Hiçbir günahkar diğerinin günah yükünü yüklenmez!**" ifadesindeki, "أُخْرَى" kelimesi müellifin soy ismine işaret ettiği gibi, bu kelimeden önce gelen kısmın makam-ı cifrisi **1276** yaparak müellifin kendisine ve veladet tarihine işaret eder. Eğer sondaki nun-u tenvin, te'kidli ifade içerdiği için iki adet ikişer nun (200) sayılsa bu kez de **1476** yaparak, hem müellifin ve hem de eserlerinin makam-ı cifrisine tam tevafuk ederek remzen işaret eder. Hem yine, aynı ayetin isra suresi 15. ayetindeki kısmının ahirinde yer alan ifadede bahsedilen;

وَمَا كُنَّا مُعَذِّبِينَ حَتَّى نَبْعَثَ رَسُولًا

"Biz, bir Rasul (Elçi veya Müceddid) göndermedikçe (kimseye) azap edecek değiliz."

{İsrâ, 15}

Cümlesi Hz. Peygambere işaret ettiği gibi; **"Rasul"** veya **"Elçi"** kelimesiyle ahirzamandaki **"Hz. Mehdi"**ye de işaret edip, bu cümlede yer alan;

وَمَا كُنَّا مُعَذِّبِينَ نَبْعَثَ رَسُولًا

ifadesinin makam-ı cifrisi, şeddeli nun iki nun (100), şeddeli zal bir zal (700) ve sondaki tenvin bir nun (50) sayılmak şartıyla **miladi 2009** tarihini vererek, O'nun ayn-ı zamanına ve müceddidlik görevinin başlangıç dönemlerine işaret eder.

Hem yine, yeniden dirilme ve kıyametle ilgili olan ve Necm suresinin 47. ayetinde geçen;

$$\text{اَنَّ عَلَيْهِ النَّشْاَةَ الْأُخْرَى}$$

"Şüphesiz tekrar diriltmek de O'na aittir."

{Necm, 47}

cümlesiyle makam-ı cifrisi, şeddeli nunlar birer nun (50) sayılmak şartıyla, **hicri 1395** veya **miladi 1975** tarihini vererek, yine burada isminden bahsedilen ve yeniden dirilişin, yani kıyametin habercisi olan ve 14. asırdaki kuran-ı hakimin bir hadimi olan bir şahsın dirilişinin, yani veladet tarihine yakın olan ana rahmindeki dönemin tarihine işaret ederek müellifin besmele-i hayatının başlangıcına remzen işaret eder.

◊ BEŞİNCİ PENCERE ◊

☐ **BEŞİNCİ MESELE:** Zümer, Ahkâf ve Câsiye surelerinin başlarında yer alan;

$$\text{حم تَنْزِيلُ الْكِتَابِ مِنَ اللهِ الْعَزِيزِ الْحَكِيمِ}$$

"Ha Mim. Kitab'ın indirilmesi, güçlü ve hikmet sahibi Allah katındandır."

{Câsiye,1-2}

ayetlerinin makam-ı cifrisi, ikişer yerde tekrar eden ve huruf-u mukattaâttan olan Ha ve mim ikişer sayılsa, **hicri 1437** veya **miladi 2017** yaparak, önemli bir manevi kur'an tefsirinin ortaya çıkma tarihine ve her asırda olduğu gibi, bu asırda da kur'an-ı hakim'in vahy-i semâsından süzülen ve nuzûl eden kitaplar şeklindeki o tefsirin eserlerine remzen işaret eder. Ayetin üç yerde tekrar etmesi, yani burada kitap olarak ifade edilen eserlere yapılan atfın te'kidli tekrar nevînden olması, kurânın hikmetinden faydalanılarak oluşturulan bu eserlerin önemine ve hikmet-i ilâhiyenin ahir zamana bakan vechine dikkat çekmek için yapılan kuvvetli işaretlerdir. Eğer, huruf-u mukattaâttan olan mim bir mim (40) olarak sayılsa, **hicri 1397** veya **miladi 1977** tarihini vererek bu eserlerin müellifinin veladet tarihine 1 farkla remzen işaret eder. Dolayısıyla, kur'ânın semasından nuzûl eden ve pozitif bilimlere ilişkin hikmetinden meydana gelen bu eserlerin vahiy veya doğrudan ilham olmayıp; ilhamla birlikte tahkik suretiyle oluşturulmuş hikmet eserleri olduğunu vurgular ki, zaten

Kıyamet Gerçekliği eserlerinin tamamının içeriğinde ilahi hikmet kanunlarının kâinatı ihâta eden kurallarından ve hakikate ilişkin bürhan ve delillerden oluşan yaratılış, kıyâmet, âhiret ve hikmet-i ilâhiye kanunları manzumesinden detaylı olarak bahsedilmektedir.

◊ ALTINCI PENCERE ◊

☐ **ALTINCI MESELE:** Tevbe suresinin 129. ayetinde yer alan;

فَاِنْ تَوَلَّوْا فَقُلْ حَسْبِىَ اللهُ لَا اِلَهَ اِلَّا هُوَ عَلَيْهِ تَوَكَّلْتُ

"Eğer, İnkarcılar yüz çevirirlerse de ki: Allah bana yeter. O'ndan başka ilâh yoktur. Ben sadece O'na güvenip dayanırım."

{Tevbe,129}

Ayetinin makam-ı cifrisi şeddeli lamlar ve kef birer sayılsa, **miladi 2011** tarihini vererek bu asırda gelecek olan müceddidin görevine başlama ve rahmet-i ilâhiyeye tevekkül etme tarihini verir. Eğer, "فَقُلْ" "de ki" kelimesi hariç olsa ve şeddeli lamlardan birisi iki lam (60) diğer şeddeli lam ve kef birer sayılsa, **miladi 1911** tarihini vererek bir önceki asrın müceddidi olan Said-i Nursî'nin göreve başlama ve inayet-i ilahiyeye istinâd ve istimdât etme tarihini verir. Eğer, "فَقُلْ" "de ki" kelimesi hariç olmak üzere, şeddeli lamlar birer lam (30) ve kef iki kef (40) sayılsa, **miladi 1811** tarihini vererek bu kez de hicrî 12. asrın müceddidi olan Hâlid-i Bağdadî'nin müceddidlik görevine ve manevi mücahedesine başlama tarihine harika bir şekilde, zamanın **100**'er sene arayla açılan üç adet çekmecesinden üçer bölme halinde harika bir tarzda haber verir.

◊ YEDİNCİ PENCERE ◊

☐ **YEDİNCİ MESELE:** Yine benzer şekilde En'am suresinin 161. ayetinde geçen;

$$\text{قُلْ اِنَّنِى هَدٰينِى رَبِّى اِلٰى صِرَاطٍ مُسْتَقِيمٍ}$$

"**De ki: Şüphesiz rabbim beni dosdoğru bir yola iletti.**"

{En'am, 161}

cümlesinin makam-ı cifrisi, şeddeli nun bir nun (50), şeddeli be iki be (4) ve sondaki tenvinler vakıf durumunda olduğu ve mensup olmadığı için (0) sayılmak şartıyla **1476 değerini** vererek, 14. asrın sonundaki nazar-ı dikkati sırat-ı müstakime ve hidayete çevirecek olan bir eserin ve müellifinin makam-ı cifrisine aynen işaret ederek, 14. asrın başındaki hadim-i kur'anı 14 asır öncesinden manevi teleskop-misal dürbünleriyle göstererek, remzen ve dalaleten işaret eder.

◊ SEKİZİNCİ PENCERE ◊

☐ **SEKİZİNCİ MESELE:** Tevbe suresinin 32. ayetidir ki;

$$يُرِيدُونَ اَنْ يُطْفِؤُا نُورَ اللهِ بِاَفْوَاهِهِمْ وَيَأْبَى اللهُ اِلَّا اَنْ يُتِمَّ نُورَهُ وَلَوْ كَرِهَ الْكَافِرُونَ$$

"Muhakkak ki, Allah'ın nurunu ağızlarıyla söndürmek istiyorlar. Halbuki, kafirler hoşlanmasalar da Allah nurunu tamamlamaktan asla vazgeçmez."

{Tevbe, 32}

bu ayette geçen;

$$اَنْ نُورَ اللهِ بِاَفْوَاهِهِمْ وَيَأْبَى اللهُ اِلَّا اَنْ يُتِمَّ نُورَهُ$$

"Muhakkak ki Allah, ağızlarıyla söndürmek istedikleri nurunu tamamlayacaktır."

cümlesinin makam-ı cifrisi, şeddeli lam ve mimler ikişer sayılsa, **hicri 1476** veya **miladi 2056** yaparak 14. asrın sonlarında nurunu, kur'an-ı hakimden gelen bir nur ile tamamlayacağına ve bu nurun kaynağı ve ilham-ı ilahînin bu asırdaki bir mazharı olan bir esere ve onun müellifine cifir değeri tam tevafuk edecek şekilde remzen ve dalaleten kuvvetli bir tarzda işaret eder. Yine aynı ayette geçen;

نُورَ اللّهِ بِأَفْوَاهِهِمْ وَيَأْبَى اللّهُ إِلَّا أَنْ يُتِمَّ نُورَهُ وَلَوْ كَرِهَ الْكَافِرُونَ

"**Ağızlarıyla söndürmek istedikleri Allah'ın nurunu, Allah kafirler hoşlanmasalar da tamamlamaktan asla vazgeçmez.**

cümlesinin makam-ı cifrisi ise, şeddeli lam ve mimler birer sayılsa **miladi 2006** tarihini vererek, bu nurun tamamlanmasının ve inkarcı zihniyetin neden olduğu zulümatın dağıtılmasının Hz. Mehdi tarafından gerçekleştirileceğini ve bu tarihte manevi mücahedesine ve inkarcı fikir sisteminin neden olduğu zulümât bulutlarını kur'an-ı hakimden çıkan tahkikî bir nurla meydana getirilen eserleriyle dağıtmaya başlayacağını 1400 sene öncesinden mu'cizevî bir tarzda bildirir. Eğer, şeddeli lam ve mimler ikişer sayılsa bu kez de, **miladi 2076** tarihini vererek bu nurun tamamlanma tarihine ve Kur'an-ı hakimin pozitif bilimler yoluyla tam isbatına remzen ve işareten kuvvetli bir şekilde dalalet ederek; daha önceki iki asra ve o asırlardaki islâmiyetin nurunu tamamlama tarihlerine (**miladi 1956** ve **1866** tarihlerine) baktığı gibi, 14. asrın sonundaki islamiyetin umumî ve tüm dünyaya şâmil olarak nurunu tamamlamasını ve zaferini gösterir. Üstelik, aynı ayetin cifir değerini hesaplayan bir önceki asrın müceddidi olan üstad said nursî de, benzer şekilde aynı tarihi vererek, risale-i nûr'da bu ayetin tefsirini yaptığı açıklanmasına şu notu düşmüştür:

"**Şeddeli "lâmlar" birer "lâm" ve şeddeli "mim" asıl kelimeden olduğundan iki "mim" sayılmak cihetiyle bin**

üçyüz yirmidört (1324 veya miladi 1906) ederek, Avrupa zalimleri devlet-i İslâmiyenin nurunu söndürmek niyetiyle müdhiş bir sû'-i kasd plânı yaptıkları ve ona karşı Türkiye hamiyetperverleri, hürriyeti yirmidörtte ilânıyla o plânı akîm bırakmağa çalıştıkları halde, maatteessüf altı-yedi sene sonra, harb-i umumî neticesinde yine o sû'-i kasd niyetiyle Sevr Muahedesinde Kur'anın zararına gayet ağır şeraitle kâfirane fikirlerini yine icra etmek olan plânlarını akîm bırakmak için Türk milliyetperverleri cumhuriyeti ilânla mukabeleye çalıştıkları tarihi olan bin üçyüz yirmidörde, tâ otuz dörde, tâ ellidörde tam tamına tevafukla, o herc ü merc içinde Kur'anın nurunu muhafazaya çalışanlar içinde Resail-in Nur müellifi yirmidörtte (1324) ve Resail-in Nur'un mukaddematı otuzdörtte (1334) ve Resail-in Nur'un nuranî cüzleri ve fedakâr şakirdleri ellidörtte (1354) mukabeleye çalışmaları göze çarpıyor. Hattâ hakikat-ı hali bilmeyen bir kısım ehl-i siyaseti telaşa sevkettiler ve bu itfa sû'-i kasdına karşı tenvir vazifesini tam îfa ettiklerinden bu âyetin mana-yı işarîsi cihetinde bir medar-ı nazarı olduklarına kuvvetli bir emaredir. Şimdi İslâmlar içinde Nur-u Kur'ana muhalif haletlerin ekserisi, o sû'-i kasdların ve Sevr Muahedesi gibi gaddarane muahedelerin vahîm neticeleridir. Eğer şeddeli "mim" dahi şeddeli "lâmlar" gibi bir sayılsa; **o vakit bin ikiyüz seksendört (1284) eder. O tarihte Avrupa kâfirleri devlet-i İslâmiyenin nurunu söndürmeğe niyet ederek on sene sonra Rusları tahrik edip Rus'un doksanüç (1293) muharebe-i meş'umesiyle âlem-i İslâmın parlak nuruna muvakkat bir bulut perde ettiler.** Fakat bunda Resail-in Nur şakirdleri yerinde Mevlâna Hâlid'in (K.S.) şakirdleri o bulut zulümatını dağıttıklarından bu âyet bu cihette onların başlarına remzen parmak basıyor. **Şimdi hatıra geldi ki; eğer şeddeli "lâmlar" ve "mim" ikişer sayılsa, bundan bir asır sonra zulümatı dağıtacak zâtlar ise, Hazret-i Mehdi'nin şakirdleri olabilir.."**

◊ DOKUZUNCU PENCERE ◊

☐ **DOKUZUNCU MESELE:** Yine aynı şekilde İbrahim suresinin başındaki birinci ayette geçen;

الر كِتَابٌ اَنْزَلْنَاهُ اِلَيْكَ لِتُخْرِجَ النَّاسَ مِنَ الظُّلُمَاتِ اِلَى النُّورِ بِاِذْنِ رَبِّهِمْ اِلَى صِرَاطِ الْعَزِيزِ الْحَمِيدِ

"Elif. Lâm. Râ. Bu Kur'an, Rablerinin izniyle insanları karanlıklardan aydınlığa, yani her şeye galip ve övgüye lâyık olan Allah'ın yoluna çıkarman için sana indirdiğimiz bir kitaptır."

{İbrahim, 1}

كِتَابٌ اَنْزَلْنَاهُ اِلَيْكَ لِتُخْرِجَ النَّاسَ

"İnsanları aydınlığa çıkarmak için indirdiğimiz kitaptır."

cümlesinin makam-ı cifrisi, şeddeli nun bir nun (50) sayılmak şartıyla, **miladi 2004** yaparak bu tarihte Kur'ân-ı Hakîmden çıkan parlak bir nurun inkişâf etmeye başladığını ve "كِتَابٌ" "**Kitap**" kelimesiyle ifade edilen ve bu zamandaki insanları zulümâttan çıkarmak için ortaya çıkmaya başlayan bir eserin ve müellifinin kendi kendine nurlanarak ve parlayarak Kurân-ın vahy-i semâsından indirilmeye başlayan parça parça kitaplar şeklindeki eserlere remzen işaret eder. Eğer şeddeli nun iki nun (100) sayılacak olursa, makam-ı cifrisi bu kez **miladi 2053** yaparak o tarihte ortaya çıkacak olan Kurân'dan çıkan başka bir parlak nurun bidayetine veya Hz. İsa'nın ikinci gelişiyle O'nun getirmiş olduğu din-i isevînin hakikatine veyahutta Kıyamet Gerçekliği'nin âhir zamandaki bir başka fütuhât dönemine işaret eder. Hem bu ayet, o zamanki zulümâtı dağıtacak olan zatların ise, Hz. İsa ve şakirdleri, yani Müslüman-İsevîlerin teşkil ettiği nurlu cemaatin parlak yüzüne baktığı gibi; aynı zamanda kıyamet ve ahir zamanın yüzüne bakan pek çok cihetleri olmakla birlikte burada kısa kestik..

Hem bu cümlenin devamında yer alan, her asırda kur'ân'dan çıkan parlak bir nur nâzil olduğu gibi, bu asır için de takdir edilmiş bir tefsir-i hakikî ile karanlıktan aydınlığa ulaştıran bir sırat-ı müstakîme remzen işaret eden;

اِلَيْكَ اِلَى النُّورِ بِاِذْنِ رَبِّهِمْ اِلَى صِرَاطِ الْعَزِيزِ الْحَمِيدِ

"**Rablerinin izniyle, aydınlığa çıkarmak üzere her şeye galip ve övgüye lâyık olan Allah'ın yoluna çıkarman için sana (indirdiğimiz).**"

cümlesinin makam-ı cifrisi ise, şeddeli be bir ve nun ikişer sayılmak şartıyla, yine yukarıda bulduğumuza yakın bir tarihi, **miladi 2000** tarihini vererek bu parlak nurun inkişâf etmeye başladığı dönem olan 21. asrın başlarına baktığı gibi; şeddeli be ve nun ikişer sayılmak şartıyla **miladi 2002** tarihinde o parlak nurun mukaddimesi ve bir müjdecisi olarak ortaya çıkan; Kıyamet Gerçekliği eserlerinin ilk parçalarından birisi olan ve semânın samanyolu galaksisini merkez alarak 9. kat göğe kadar olan bir tasvirini ve gök âleminin manevî keşfini yapan **Keşf-ul Kehkeşân** isimli eseri oluşturan parlak grafiğe işaret eder. Ayrıca bu grafikte çizilen sarı parlak renkli eğri yollara, "اِلَى صِرَاطٍ" **"Yollara"** kelimesiyle; remzen işaret ederek, makam-ı cifrisi **341** olarak bu karesel yolları teşkil eden ve aynen ardı ardına gerçekleşen kıyametin alametlerini temsil ettiği gibi; birbiri ardına eklenmiş bir zincirin halkaları şeklindeki birbirine eklenmiş 2 adet 170'er kareye ve yekûnunun teşkil ettiği samanyolunu gösteren bir büyük spiralle onu içerisine alan ve grafiğin merkezinde yer alan iç içe geçmiş vaziyetteki iki büyük daireye işaret ettiği gibi; bu dairelerin teşkil ettiği 10'ar yıl arayla açılan iki büyük hakikate ve daire-i irşâdına aldığı 100'er yıl arayla açılan iki büyük sırra da, zamanın ilerisine uzanan iki dairevî hatla halka-i irşâdına alarak remzen işaret eder.

◊ ONUNCU PENCERE ◊

☐ **ONUNCU MESELE:** İslâm âlimlerince Hz. Mehdi'den bahsettiği bildirilen ve Müzzemmil suresinin 1. ve 5. ayetlerinde geçen;

يَا أَيُّهَا الْمُزَّمِّلُ اِنَّا سَنُلْقى عَلَيْكَ قَوْلاً ثَقيلاً

"**Ey sen! Örtüye bürünen. Evet, biz sana ağır bir söz bırakacağız.**"

{Müzzemmil, 1-5}

ayetlerinin makam-ı cifrisi, şeddeli ze, min ve nun birer; şeddeli ya ikişer sayılmak şartıyla, **hicri 1396** veya **miladi 1976** tarihini vererek "يَا أَيُّهَا الْمُزَّمِّلُ" "**Ey örtüye bürünen!**" lafzıyla, Hz. Mehdi'nin veladet tarihine ve ana rahmine düşmesinin ayn-ı tarihine tam tevafuk ederek remzen ve dalaleten sarahât derecesinde işaret eder. Eğer şeddeli ze ve ya ikişer, nun ve mimler birer sayılırsa **hicri 1403** veya **miladi 1983** tarihini vererek Kıyamet Gerçekliğini oluşturmak için başladığı ilim tahsili hayatının (**1403-1426**) ilk yılına; Eğer şeddeli mim ve ya ikişer, nun ve ze birer sayılırsa **hicri 1436** veya **miladi 2016** yaparak Kıyamet Gerçekliği'nin bir kısım önemli parçalarının ilk kez neşredilme ve tanınma dönemine (**1426-1436**); Eğer şeddeli nun, ze ve ya ikişer, mim birer sayılsa bu kez de **hicri 1453** veya **miladi 2033** tarihini vererek Kıyamet Gerçekliği'nin üç ayrı dönemine hem remzen ve hem de dalaleten işaret ettiği gibi, kendi tarihçe-i hayatının bir kısım önemli parçalarının üç ayrı dönemine de işaret eder.

Ayrıca yine 5. ayetteki, "قَوْلًا ثَقِيلًا" **"Ağır bir söz"** lafzının makam-ı cifrisi "söz" manasında kıyamet gerçekliğinin makam-ı cifrisine işaret ettiği gibi; sondaki elifler sayılmamak ve tenvinler iki nun (100) sayılmak şartıyla **976** yaparak yine aynı tarihe remzen işaret eder. Ayrıca, en sondaki elif manayı ağırlaştırdığı için elif yerine elfun (1000) olarak okunursa, **1976** yaparak tam tevafuk eder.

◊ ONBİRİNCİ PENCERE ◊

☐ **ONBİRİNCİ MESELE:** İslâm âlimlerince yine Hz. Mehdi'den bahsettiği bildirilen ve Müddessir suresinin 1. ve 2. ayetlerinde geçen;

يَا اَيُّهَا الْمُدَّثِّرُ قُمْ فَاَنْذِرْ

"**Ey sen! Örtüye bürünen. Kalk ve korkut, (İnsanları Yeniden diriliş, yani Kıyamet için) uyar.**"

{Müddessir, 1-2}

ayetlerinin makam-ı cifrisi, bütün şeddeli harfler birer sayılsa **miladi 1974** tarihini vererek " يَا اَيُّهَا الْمُدَّثِّرُ " "**Ey örtüye bürünen!**" lafzıyla, Hz. Mehdi'nin veladet tarihine 2 farkla tevafuk eder. Eğer şeddeli ya ve se birer, dal ikişer sayılsa **miladi 1978** yaparak yine 2 farkla tevafuk ederek manayı iki kat kuvvetlendirip pekiştirir.

Eğer şeddeli ya ve dal ikişer, se birer sayılsa bu kez de **miladi 1988** tarihini vererek, " قُمْ فَاَنْذِرْ " "**Kalk ve korkut, uyar!**" ifadesiyle bahsedilen ve 12 yaşına geldiği bir sırada ilmen fazla bir bilgisi olmadığı halde; yaz mevsiminde çok kısa bir süredeki 3 aylık bir tahsilin sonunda birden parlayarak Hikmet-i Kur'âniyeyi kendisinden yaşça ve ilimçe çok büyük talebelere ve hocalarıyla münazaraya girip açıkça beyan etmesi ve pozitif bilimlerle ilgili kendisine daha ilkokuldayken yöneltilen yüzlerce soruyu doğru olarak sahih bir şekilde cevaplandırarak, kendi yaşıtlarından çok büyüklerini ve hocalarını ders verecek şekilde ilzam etmesi tarihine tam tevafuk ederek, remzen ve dalaleten harika bir tarzda işaret eder.

◊ ONİKİNCİ PENCERE ◊

□ **ONİKİNCİ MESELE:** Kâf suresinin 1. ve 2. ayetleridir ki;

$$ق وَالْقُرْاٰنِ الْمَجِيدِ$$

"Kâf. And olsun şanlı Kur'ân'a."
{Kâf, 1}

1. ayette geçen "وَالْقُرْاٰنِ الْمَجِيدِ" **"And olsun şanlı Kur'ân'a"** cümlesinin makam-ı cifrisi **476** yaparak Kur'ândan çıkan parlak bir nur olan Kıyamet Gerçekliği'ne remzen işaret eder. Eğer ayetin sonundaki vurgulanmayan esre üstün olarak nun-u tenvin (1000) sayılırsa **1476** yaparak Kıyamet Gerçekliği'nin cifir değerine tam tevafuk eder. Yine bu ayetin arkasından gelen 2. ayette geçen;

$$بَلْ عَجِبُوا اَنْ جَاءَهُمْ مُنْذِرٌ مِنْهُمْ$$

"Hayır, ama onlar aralarından bir uyarıcının gelmesine şaştılar!"
{Kâf, 2}

cümlesinin makam-ı cifrisi, nun-u tenvin bir nun (50) ve düşen vav-ı atıf (6) sayılmak şartıyla **hicri 1396** veya **miladi 1976** yaparak; Kıyamet Gerçekliği müellifinin veladet tarihine cifir olarak tam tevafuk ederek, hicri 14. asrın başındaki "**açık bir uyarıcı**"nın gelmesi tarihini tam olarak vererek, Kur'ân-ı mecid'in 14. asırdaki bir hâdimini açık bir şekilde müjdeleyerek remzen işaret eder. Görüldüğü gibi, Kaf harfi Kıyamet Gerçekliği'ne ve müellifine baktığı ve işaret ettiği gibi, Kur'ân-ı hakîmde kaf harfiyle başlayan (Kıyamet, Kaf, Kadir, Kamer, Karia gibi) sureler yine Kıyamet Gerçekliğine baktığı gibi remzen veya dalaleten 14. asırdaki müellifine de bakar ve işaret eder.

◊ ONÜÇÜNCÜ PENCERE ◊

☐ **ONÜÇÜNCÜ MESELE:** Yine Kâf suresinin 19. ve 20. ayetleridir ki;

وَجَاءَتْ سَكْرَةُ الْمَوْتِ بِالْحَقِّ ذٰلِكَ مَا كُنْتَ مِنْهُ تَحِيدُ

وَنُفِخَ فِى الصُّورِ ذٰلِكَ يَوْمُ الْوَعِيدِ

"Ve Ölüm sarhoşluğu gerçeği getirir. İşte bu, senin kaçıp durduğun, uzak sandığın şeydir. Ve Sur'a üfürüldüğünde (Kıyamet Saati geldiğinde), işte bu o uyarının gerçek olacağı tehdit günüdür."

{Kâf, 19-20}

19. ayette geçen;

وَجَاءَتْ سَكْرَةُ الْمَوْتِ بِالْحَقِّ

"Ve Ölüm sarhoşluğu gerçeği getirir."

cümlesinin makam-ı cifrisi, **hicri 1414** veya **miladi 1994** tarihini vererek, "الْحَقِّ" yani **"Gerçek"** kelimesiyle Kıyamet Gerçekliğine işaret edip, bu tarihlerde müellifinin manevi mücahedesine ve Kıyamet Gerçekliği'ni oluşturacak ilk ciddi ilmi çalışmalarına ve eğitimine başlangıç tarihine remzen işaret eder. Nasıl ki, sekerât vakti mevtin, yani küçük ölümün bir habercisi ve işaretçisi ise; müellifin bu tarihlerdeki başlayacağı çalışmalarının da büyük ölümün, yani büyük kıyametin bir habercisi ve açık bir uyarıcısı olduğunu açık bir şekilde ilân eder. Yine benzer şekilde önemli bir İslâmî düstur olan "**Ölüm Haktır**" ifadesinin bu ayette geçen, "اَلْمَوْتُ بِالْحَقِّ" yani "**Ölüm Gerçekliği**" şeklinde bir isim tamlamasıyla kullanılması ve bu tamlamada geçen "اَلْمَوْتُ" yani "**Ölüm**" kelimesinin makam-ı cifrisinin **476** yapması açık olarak "**Kıyamet Gerçekliği**"ne işaret eder. Eğer kelimenin sonundaki esre üstün olarak nun-u tenvin şeklinde 1000 olarak ilave edilirse **1476** yaparak kıyamet gerçekliğinin cifir değerine tam tevafuk eder. Hem bazı gaybî işaretlere ve **14.** asırdaki kıyamet uyarıcısının gelişinden bahseden Müddessir suresinde geçen **19** sayısının mu'cizevi özelliklerinden bahseden bazı ayetlere ve Kıyamet Gerçekliği'nin önemli parçalarının yılın belirli aylarındaki **19.** gününde yazılmaya başlanması gibi bir kısım tevafukâta dayanılarak; Kıyamet Gerçekliği eserlerinin isminin dahi, bu **Kâf suresinin 19.** ayetindeki ifadeden alındığını göstermektedir. Dolayısıyla bu eserlere Kıyamet Gerçekliği isminin verilmesinin **19** nedeninden en önemli olan ilk ikisinden birisi, birincisi ve en önemlisi bu **Kâf suresinin 1. ve 19.** ayetleri; diğer ikincisi ise, **Kıyamet suresinin 1. ve 19.** ayetleridir ki; bu surenin 1. ayettinde geçen, "يَوْمُ الْقِيٰمَةِ" yani "**Kıyamet Günü**" ifadesi ile 19. ayette geçen ve kıyamet gününe ait sürecin beyan edilmesi ve açıklanmasında bahseden "عَلَيْنَا بَيَانَهُ" yani "**O'nu açıklamak bize aittir**" ifadesini birleştirdiğimizde meydana gelen; "يَوْمُ الْقِيٰمَةِ عَلَيْنَا بَيَانَهُ" yani "**Kıyamet Gününü açıklamak bize aittir**" ifadesinin makam-ı cifrisi de, vakıf durumunda olduğu için sondaki ha-yı atıf iki ha (10) sayılmak şartıyla, benzer şekilde **"476"** değerini vererek yine kıyamet sürecini tahkiki bir şekilde açıklayarak kur'ân-ı hakîmi 14. asra göre tefsir eden Kıyamet Gerçekliği'ne remzen işaret eder. Ayrıca, **"Kıyamet Günü"** ifadesindeki "اَلْقِيَمَةِ" **"Kıyamet"** kelimesi ve bu kelimenin türevleri Kur'ân'da **"76"** yerde geçer ve bu kelimenin aslı ve masdarı olan "اَلْقَمَةِ" yani **"Kıyam etmek, ayağa kalkış, diriliş"** kelimesinin makam-ı cifrisi dahi, **"176"** yaparak Kıyamet Gerçekliği'nin cifir değerine işaret eder. Ayrıca, yine benzer şekilde "يَوْمَ الْاٰخِرِ" yani **"Son Gün"** anlamına gelen ifade, Kur'ân'da **26** yerde ve yine **"Kıyamet ve Son Gün"**le ilgili çağrışım yapan kelimelerden, "أُخْرٰى" kelimesi **20** yerde ve "الْاٰخِرِي" kelimesi ise, **30** yerde olmak üzere tekrar ederek ve yekûnu **"76"** yaparak yine Kıyamet Gerçekliği'ne ve Müellifine işaret eder. Yine Kâf suresinin 20. ayetinde geçen;

$$\text{وَنُفِخَ فِى الصُّورِ ذٰلِكَ يَوْمُ الْوَعِيدِ}$$

"Ve Sur'a üfürüldüğünde (Kıyamet Saati geldiğinde), işte bu o uyarının gerçek olacağı tehdit günüdür."

cümlesi, Sur'un üfürülmesiyle birlikte Büyük Kıyamet'in gelmesinden bahsettiği gibi; şeddeli sad iki sad (180) sayılmak şartıyla makam-ı cifrisi, **hicri 1596** veya **miladi 2170** tarihini vererek, insanlık tarihinin sonuna ve bu tarihte insanlığın sonunun ve kıyametinin gelmesine remzen ve dalaleten açık bir şekilde miladi tarih vererek işaret eder.

Demek ki, Kıyametin açık uyarıcısı olan 14. asırdaki Kıyamet Gerçekliği müellifinin veladet tarihinden (**1396**) hicri olarak tam iki asır, yani **200** yıl sonra insanlığın büyük kıyameti kopar ki; yukarıdaki kâf suresinin 20. ayeti de açıkça bu tarihlere işaret ediyor ve gerçeğin getirmiş olduğu tehdit gününü, kıyamet gününün gelmeyeceğini iddia eden tüm muannit inkarcılara ilm-i cifir lisanıyla beyan ve idbat ediyor. Eğer şeddeli sad bir sad (90) sayılsa bu kez de **hicri 1503** veya **miladi 2080** tarihini vererek yine bir başka taife-i insaniye olan Ye'cüc ve Me'cüc kavimlerinin son dönemlerini ve kıyametini sûr-misâl gaybî tehditlerle ilan ederek remzen işaret eder.

◊ ONDÖRDÜNCÜ PENCERE ◊

□ **ONDÖRDÜNCÜ MESELE:** Kıyamet Gerçekliği'nin ilk harfleri;

KAF (ق) ve **KEF** (گ) olduğu için, öncelikle Kur'ândaki Kaf ve Kef harfleriyle başlayan bazı surelerdeki kıyamete bakan bazı ayetler, kıyamet gerçekliğine ve onun müellifine de cifir olarak işaret ettiği gibi; Kıyamet Gerçekliği isminin cifir değeri dahi **1476** yaparak kuvvetli bir şekilde işaret etmektedir. Kıyamet Gerçekliği'nin asıl amacı ise, Kur'ânın yaklaşık üçte birini oluşturan Kıyamete ve Haşre bakan ayetlerini tefsir etmek olduğu için ve ondan çıkmış bir manevî tefsir-i hakikî olduğundan dolayı, burada hesaplanan bazı cifirsel sonuçların kıyamet gerçekliği ve onun bazı parçaları veya müellifinin hayatına bakan bazı tarihlerle uyumlu çıkması olumsuz bir yorum değil; tam tersine Kur'ânın İ'caz-ı hakikîsinin bu asırda göstermiş olduğu manevî bir parıltısıdır. Dolayısıyla, bu ayetlerden bazılarının onun ahir zamandaki tefsir-i hakikisi olan Kıyamet Gerçekliği'ne de bakması ve remzen işaret etmesi şaşılacak bir şey değil; aksine bu neviden bulunan cifirsel tarihlerin Kur'ânla tam bir tevâfuk içerisinde gitmesi, onun bu asır üzerinde göstermiş olduğu bir başka mu'cizesini, yani kâinatın yaratılışından kıyâmete kadar bildirilen her olayın ve ilmî meselenin içerisinde şifreli bir şekilde dercedilmiş olduğunun başka bir göstergesi ve gaybî boyutudur. Çünkü biliyoruz ki, daha önceki asırlarda, örneğin geçen asırdaki manevi Kur'ân tefsiri olan Risale-i Nur içerisindeki pek çok kısımda da (Özellikle üstad Said Nursî'nin, Sikke-i Tasdik-i Gaybî isimli eserinde) kur'andaki risale-i nura ve Celcelutiyye gibi diğer bir kısım eserlere de işaret eden pek çok ayetin bulunduğunun ortaya çıkması halihazırda bilinen bir gerçektir. Üstad Said Nursî, bunlara ait pek çok cifir hesaplamaları ve bu nevîden pek çok tevafukât bulmuştur ki, sonradan bunların birçoğunun zaman geçtikçe doğru çıktıkları anlaşılmıştır. Dolayısıyla bu metod, Hz. Ali ve bir kısım evliyâullah tarafından da sıklıkla kullanılan son derece ilmî bir araştırma yöntemi olup; hakeza kur'ânı bir fal kitabına çeviren kaba bir cebirsel hesaplama olarak bakılmamalıdır ki, zaten Hz. Mehdi'nin de bu cifir ilmine oldukça vâkıf olacağı hadislerde bildirilmektedir. İşte biz de bu metodu takip ettiğimiz bu eserimizde, ahirzamana ve kıyamet gerçekliğine ilişkin bir kısım tevafukatı detaylı olarak inceleyeceğiz. Eserlerimiz boyunca, sırası geldikçe yer yer bu hesaplamalara da yer vereceğiz ve bunun sonucunda, içerisinde bulunduğumuz zamanın kur'ânda daha önceden bildirilen pek çok gerçekle ne kadar uyuştuğunu gördükçe ona ve onu gönderene olan inancımız da o kadar artacaktır. Örneğin, Kehf suresinin baş tarafındaki ilk dört ayetin cifir değerinin Kıyamet Gerçekliği'nin dört ana devresine; yani hazırlık, te'lif, neşr ve tanınması dönemlerine onar senelik bir farkla, harika bir tarzda işaret ettiğini ve yine aynı şekilde Kâf suresinin 1, 2, 19 ve 20. ayetlerinin de benzer kronolojik dönemlere işaret ettiğini göreceğiz. Örneğin, yine; özellikle **Kâf, Kehf, Kasas, Kıyamet, Kamer, Kadir** gibi yaklaşık on adet surenin kıyametten detaylı olarak bahsettiğini ve Hz. peygamberin birçok hadisinde kıyamet alametlerine ve Deccal'ın ortaya çıkışı gibi birtakım âhirzaman fitnelerine karşı bir vird olarak okunmasını istediği bazı ayetlerin de bu surelerin içerisinde yer aldığını ve âhir zamana baktığını göreceğiz.

Örneğin, bunlardan ilk üçü olan Kâf, Kehf ve Kasas surelerini incelersek; bu durumu ve geçmişten geleceğe uzanan iç içe geçmiş uzun bir hatt-ı dairevî halkaları zinciri halindeki

ZAMANIN SAKİNLERİ'ni, her bir halkaya ait tabakanın kendi zamanına ve istifadesine hitabedecek şekilde **ZAMANA VE ÇAĞLARA** göre değişen ve herkesin kendi seviyesine göre anladığı gaybî meseleleri, geniş bir tablo halinde elimizdeki hazır bir bilgi birikimi gibi sunan ve ona göre tasvir eden bu **ZAMAN TÜNELİ** içerisinde seyreden **ZAMANIN SAHİPLERİ**'ni; ayetlerin **ZAMAN MAKİNESİ** misâli tasvirleriyle daha iyi müşâhede ederiz:

- Rahmân ve Rahîm olan Allah'ın adıyla -

"**1**: Kâf. Şerefli Kur'ân'a andolsun. **2**: Aralarından bir uyarıcının gelmesine şaştılar da, kâfirler şöyle dediler: «Bu şaşılacak bir şeydir.» **3**: «Biz öldüğümüz ve toprak olduğumuz zaman mı (dirileceğiz)? Bu, akla uzak bir dönüştür.» **4**: Biz, toprağın onlardan neleri eksilttiğini kesinlikle bilmekteyiz. Yanımızda o bilgileri koruyan bir kitap vardır. **5**: Bilakis onlar, hak kendilerine gelince yalanladılar. Şimdi onlar şaşırmış bir haldedirler. **6**: Üstlerindeki göğe bakmazlar mı ki, onu nasıl bina etmiş ve nasıl donatmışız! Onda hiçbir çatlak da yok. **7**: Yeryüzünü de döşedik ve ona sabit dağlar koyduk. Orada gönül açan her türden (bitkiler) yetiştirdik. **8**: Allah'a yönelen her kula gönül gözünü açmak ve ibret vermek için (bütün bunları yaptık). **9**: Gökten bereketli bir su indirdik, onunla bahçeler ve biçilecek taneler bitirdik. **10**: Kullara rızık olması için birbirine girmiş, küme küme tomurcukları olan uzun boylu hurma ağaçları yetiştirdik. Ve o su ile ölü toprağa can verdik. İşte hayata yeniden çıkış da böyledir. **11**: Kullara rızık olması için birbirine girmiş, küme küme tomurcukları olan uzun boylu hurma ağaçları yetiştirdik. Ve o su ile ölü toprağa can verdik. İşte hayata yeniden çıkış da böyledir. **12**: Onlardan önce Nuh kavmi, Res halkı ve Semûd da yalanlamıştı. **13**: Âd ve Firavun ile Lût'un kardeşleri de (yalanladılar). **14**: Eyke halkı ve Tübba' kavmi de. Bütün bunlar peygamberleri yalanladılar da tehdidim gerçekleşti! 15: İlk yaratmada âcizlik mi gösterdik? Hayır, onlar yeni bir yaratma hususunda şüphe içindedirler. 16: Andolsun, insanı biz yarattık ve nefsinin kendisine fısıldadıklarını biliriz ve biz ona şah damarından daha yakınız. 17: İki melek (insanın) sağında ve solunda oturarak yaptıklarını yazmaktadırlar. 18: İnsan hiçbir söz söylemez ki, yanında gözetleyen yazmaya hazır bir melek bulunmasın. 19: Ölüm sarhoşluğu gerçekten gelir de: İşte (ey insan) bu, senin öteden beri kaçtığın şeydir, denir. 20: Sûr'a üfürülür; işte bu, geleceği vâdedilen gündür. 21: Herkes, yanında bir sürücü ve bir de şahitle beraber gelir. 22: Andolsun sen bundan gaflette idin; derhal biz senin perdeni kaldırdık. Bugün artık gözün keskindir (denir). 23-26: Yanındaki arkadaşı: İşte yanımdaki hazır, der. (İki meleğe şu emir verilir:) Haydi ikiniz her inatçı kâfiri, hayra bütün gücüyle engel olanı, azgın şüpheciyi cehenneme atın; Allah ile beraber başka ilâh edineni, şiddetli azaba birlikte atın! 27: Müşrikin arkadaşı (şeytan) der ki: Rabbimiz! Ben onu azdırmadım. Fakat kendisi derin bir sapıklık içindeydi. 28: O esnada (Allah) buyurur: Huzurumda çekişmeyin! Ben size daha önce uyarı göndermiştim! 29: Benim huzurumda söz değiştirilmez ve ben kullara asla zulmedici değilim. 30: O gün cehenneme «Doldun mu?» deriz. O da «Daha var mı?» der. 31: Cennet de takvâ sahiplerine yaklaştırılır; (onlardan) uzakta olmayacaktır. 32-33: İşte size vâdedilen cennet! Ki o, Allah'a yönelen, emirlerine riayet eden, görmediği halde Rahmân'dan korkan ve Allah'a yönelmiş bir kalp ile gelen kimselere mahsustur. 34: Oraya selâmetle girin. İşte bu, ebedî yaşamanın başladığı gündür. 35: Orada kendileri için diledikleri her şey vardır. Katımızda dahası da vardır. 36: Biz, onlardan önce kendilerinden daha güçlü olan, diyar diyar dolaşan nice nesilleri helâk etmişizdir. Kurtuluş var mı? 37: Şüphesiz ki bunda aklı olan veya hazır bulunup kulak veren kimseler için bir öğüt vardır. 38: Andolsun biz, gökleri, yeri ve ikisinin arasında bulunanları altı günde yarattık. Bize hiçbir yorgunluk dokunmadı. 39: (Rasûlüm!) Onların dediklerine sabret. Güneşin doğuşundan önce de, batışından önce de Rabbini hamd ile tesbih et. 40: Gecenin bir bölümünde ve secdelerin ardından da O'nu tesbih et. 41: Seslenenin yakın bir yerden sesleneceği güne (kıyamet gününe) kulak ver. 42: O gün insanlar bu sesi gerçekten işiteceklerdir. İşte bu, çıkış (yeniden diriliş, haşir) günüdür. 43: Şüphesiz biz diriltir ve öldürürüz. Dönüş de ancak bizedir. 44: O gün yer yarılır, onların üzerinden süratle yarılıp açılır. Bu, bize göre kolay olan bir haşirdir. 45: Biz onların dediklerini çok iyi biliriz. Sen onların üzerinde bir zorlayıcı değilsin. Tehdidimden korkanlara Kur'ân'la öğüt ver.."

{Kâf, 1-45}

- Rahmân ve Rahîm olan Allah'ın adıyla -

"1-4: Hamd olsun Allah'a ki, O, (insanları) kendi tarafından çetin bir azap ile ikaz etmek, iyi iş ve davranışlarda bulunan müminlere, kendileri için, içinde ebedî kalacakları (cennette) güzel bir ecir bulunduğunu müjdelemek ve «Allah evlât edindi» diyenleri de uyarmak için kuluna (Muhammed'e), kendisinde hiçbir (tezat ve) eğrilik bulunmayan dosdoğru Kitab'ı indirdi. 5: Ne onların (Allah evlât edindi, diyenlerin), ne de atalarının bu konuda hiçbir bilgisi yoktur. Ağızlarından çıkan bu söz ne büyük oldu! Yalandan başka bir şey söylemiyorlar. 6: Bu yeni Kitab'a inanmazlarsa (ve bu yüzden helâk olurlarsa) arkalarından üzüntüyle neredeyse kendini harap edeceksin. 7: Biz, insanların hangisinin daha güzel amel edeceğini deneyelim diye yeryüzündeki her şeyi dünyanın kendine mahsus bir zinet yaptık. 8: (Bununla beraber) biz mutlaka oradaki her şeyi kupkuru bir toprak yapacağız. 9: (Rasûlüm)! Yoksa sen, bizim âyetlerimizden Ashâb-ı Kehf ve Ashâb-ı Rakîm'in durumlarını şaşırtıcı mı buldun? 10: O (yiğit) gençler mağaraya sığınmışlar ve: Rabbimiz! Bize tarafından rahmet ver ve bize, (şu) durumumuzdan bir kurtuluş yolu hazırla! demişlerdi. 11: Bunun üzerine biz de o mağarada onların kulaklarına nice yıllar perde koyduk (uykuya daldırdık.) 12: Sonra da iki guruptan hangisinin kaldıkları müddeti daha iyi hesap edeceğini görelim diye onları uyandırdık. 13: Biz sana onların başından geçenleri gerçek olarak anlatıyoruz. Hakikaten onlar, Rablerine inanmış gençlerdi. Biz de onların hidayetini arttırdık. 14: Onların kalplerini metîn kıldık. O yiğitler (o yerin hükümdarı karşısında) ayağa kalkarak dediler ki: «Bizim Rabbimiz, göklerin ve yerin Rabbidir. Biz, O'ndan başkasına tanrı demeyiz. Yoksa saçma sapan konuşmuş oluruz. 15: Şu bizim kavmimiz Allah'tan başka tanrılar edindiler. Bari bu tanrılar konusunda açık bir delil getirseler. (Ne mümkün!) Öyle ise Allah hakkında yalan uydurandan daha zalimi var mı? 16: (İçlerinden biri şöyle demişti:) «Madem ki siz onlardan ve onların Allah'ın dışında tapmakta oldukları varlıklardan uzaklaştınız, o halde mağaraya sığının ki, Rabbiniz size rahmetini yaysın ve işinizde sizin için fayda ve kolaylık sağlasın.» 17: (Rasûlüm! Orada bulunsaydın) güneşi görürdün: Doğduğu zaman mağaralarının sağına meyleder; batarken de sol taraftan onlara isabet etmeden geçerdi. (Böylece) onlar (güneş ışığından rahatsız olmaksızın) mağaranın bir köşesinde (uyurlardı). İşte bu, Allah'ın âyetlerindendir. Allah kime hidayet ederse, işte o, hakka ulaşmıştır, kimi de hidayetten mahrum ederse artık onu doğruya yöneltecek bir dost bulamazsın. 18: Kendileri uykuda oldukları halde sen onları uyanık sanırdın. Onları sağa sola çevirirdik. Köpekleri de mağaranın girişinde ön ayaklarını uzatmış yatmakta idi. Eğer onların durumlarına muttali olsa idin dönüp onlardan kaçardın ve gördüklerin yüzünden için korku ile dolardı. 19: Böylece biz, aralarında birbirlerine sormaları için onları uyandırdık: İçlerinden biri: «Ne kadar kaldınız?» dedi. (Kimi) «Bir gün ya da günün bir parçası kadar kaldık» dediler; (kimi de) şöyle dediler: «Rabbiniz, kaldığınız müddeti daha iyi bilir. Şimdi siz, içinizden birini şu gümüş paranızla şehre gönderin de, baksın, (şehrin) hangi yiyeceği daha temiz ise size ondan erzak getirsin; ayrıca, nâzik davransın (gizli hareket etsin) ve sakın sizi kimseye sezdirmesin.» 20: «Çünkü onlar eğer size muttali olurlarsa, ya sizi taşlayarak öldürürler veya kendi dinlerine çevirirler ki, o zaman ebediyyen iflah olmazsınız.» 21: Böylece (insanları) onlardan haberdar ettik ki, Allah'ın vâdinin hak olduğunu, kıyametin şüphe götürmez olduğunu bilsinler. Hani onlar aralarında Ashâb-ı Kehf'in durumunu tartışıyorlardı. Dediler ki: «Üzerlerine bir bina yapın. Rableri onları daha iyi bilir.» Onların durumuna vâkıf olanlar ise: «Bizler, kesinlikle onların yanıbaşlarına bir mescit yapacağız» dediler. 22: (İnsanların kimi:) «Onlar üç kişidir; dördüncüleri de köpekleridir» diyecekler; yine: «Beş kişidir; altıncıları köpekleridir» diyecekler. (Bunlar) bilinmeyen hakkında tahmin yürütmektir. (Kimileri de:) «Onlar yedi kişidir; sekizincisi köpekleridir» derler. De ki: Onların sayılarını Rabbim daha iyi bilir. Onlar hakkında bilgisi olan çok azdır. Öyle ise Ashâb-ı Kehf hakkında, delillerin açık olması haricinde bir münakaşaya girişme ve onlar hakkında (ileri geri konuşan) kimselerin hiçbirinden malumat isteme. 23-24: Allah'ın dilemesine bağlamadıkça (inşâallah demedikçe) hiçbir şey için «Bunu yarın yapacağım» deme. Bunu unuttuğun takdirde Allah'ı an ve: «Umarım Rabbim beni, doğruya bundan daha yakın olan bir yola iletir» de. 25: Onlar mağaralarında üç yüzyıl ve buna ilaveten dokuz yıl kalmışlardır. 26: De ki: Ne kadar kaldıklarını Allah daha iyi bilir. Göklerin ve yerin gizli bilgisi O'na aittir. O'nun görmesi de, işitmesi de şâyanı hayrettir. Onların (göklerde ve yerde olanların), O'ndan başka bir yöneticisi yoktur. O, kendi hükümranlığına kimseyi ortak etmez. 27: Rabbinin Kitabı'ndan sana vahyedileni oku. Onun kelimelerini değiştirebilecek yoktur. O'ndan başka bir sığınak da bulamazsın. 28: Sabah akşam Rablerine, O'nun rızasını dileyerek dua edenlerle birlikte candan sebat et. Dünya hayatının süsünü isteyerek gözlerini onlardan çevirme. Kalbini bizi anmaktan gafil kıldığımız, kötü arzularına uymuş ve işi gücü aşırılık olan kimseye boyun eğme. 29: Ve de ki: Hak, Rabbinizdendir. Öyle ise dileyen iman etsin, dileyen inkâr etsin. Biz, zalimlere öyle bir cehennem hazırladık ki, onun duvarları kendilerini çepe çevre kuşatmıştır. (Susuzluktan) imdat dileyecek olsalar imdatlarına, erimiş maden gibi yüzleri haşlayan bir su ile cevap verilir. Ne fena bir içecek ve ne kötü bir kalma yeri! 30: İman edip de güzel davranışlarda bulunanlar (bilmelidirler ki) biz, güzel işler yapanların ecrini zâyi etmeyiz. 31: İşte onlara, alt taraflarından ırmaklar akan Adn cennetleri vardır. Onlar Adn cennetlerinde tahtlar üzerine kurularak orada altın bileziklerle bezenecekler; ince ve kalın dîbâdan yeşil elbiseler giyecekler. Ne güzel karşılık ve ne güzel kalma yeri! 32: Onlara, şu iki adamı misal olarak anlat: Bunlardan birine iki üzüm bağı vermiş, her ikisinin de etrafını hurmalarla donatmış, aralarında da ekinler bitirmiştik. 33: İki bağın ikisi de yemişlerini vermiş, hiçbirini eksik bırakmamıştı. İkisinin arasından bir de ırmak fışkırtmıştık. 34: Bu adamın başka geliri de vardı. Bu yüzden arkadaşıyla konuşurken ona şöyle dedi: «Ben, servetçe senden daha zenginim; insan sayısı bakımından da senden daha güçlüyüm.» 35: (Böyle gurur ve kibirle) kendisine zulmederek bağına girdi. Şöyle dedi: «Bunun, hiçbir zaman yok olacağını sanmam.» 36: «Kıyametin kopacağını da sanmıyorum. Şayet Rabbimin huzuruna götürülürsem, hiç şüphem yok ki, (orada) bundan daha hayırlı bir akıbet bulurum.» 37: Karşılıklı konuşan arkadaşı ona hitaben: «Sen, dedi, seni topraktan, sonra nutfeden (spermadan) yaratan, daha sonra seni bir adam biçimine sokan Allah'ı inkâr mı ettin?» 38: «Fakat O Allah benim Rabbimdir ve ben Rabbime hiçbir şeyi ortak koşmam.» 39: «Bağına girdiğinde: Mâşâallah! Kuvvet yalnız Allah'ındır, deseydin ya! Eğer malca ve evlâtça beni kendinden güçsüz görüyorsan (şunu bil ki):» 40: «Belki Rabbim bana, senin bağından daha iyisini verir; senin bağına ise gökten yıldırımlar gönderir de bağ kupkuru bir toprak haline gelir.» 41: «Yahut, bağının suyu dibe çekilir de bir daha onu arayıp bulamazsın.» 42: Derken onun serveti kuşatılıp yok edildi. Böylece, bağı uğruna yaptığı masraflardan ötürü ellerini oğuşturup kaldı. Bağın çardakları yere çökmüştü. «Ah, diyordu, keşke ben Rabbime hiçbir ortak koşmamış olsaydım!» **43**: Kendisine Allah'tan başka yardım edecek destekçileri olmadığı gibi kendi kendini de kurtaracak güçte değildi. **44**: İşte burada yardım ve dostluk, Hak olan Allah'a mahsustur. Mükâfatı en iyi olan O, en güzel âkıbeti veren yine O'dur. **45**: Onlara şunu da misal göster: Dünya hayatı, gökten indirdiğimiz bir su gibidir ki, bu su sayesinde yeryüzünün bitkisi (önce gelişip) birbirine karışmış; arkasından rüzgârın savurduğu çerçöp haline gelmiştir. Allah, her şey üzerinde iktidar sahibidir. **46**: Servet ve oğullar, dünya hayatının süsüdür; ölümsüz olan iyi işler ise Rabbinin nezdinde hem sevapça daha hayırlı, hem de ümit bağlamaya daha lâyıktır. **47**: (Düşün) o günü ki, dağları yerinden götürürüz ve yeryüzünün çırılçıplak olduğunu görürsün. Hiçbirini bırakmaksızın onları (tüm ölüleri) mahşerde toplamış olacağız. **48**: Ve hepsi sıra sıra Rabbinin huzuruna çıkarılmışlardır: Andolsun ki sizi ilk defasında yarattığımız şekilde bize geldiniz. Oysa size vâdedilenlerin tahakkuk edeceği bir zaman tayin etmediğimizi sanmıştınız, değil mi? **49**: Kitap ortaya konmuştur: Suçluların, onda yazılı olanlardan korkmuş olduklarını görürsün. «Vay halimize! derler, bu nasıl kitapmış! Küçük büyük hiçbir şey bırakmaksızın (yaptıklarımızın) hepsini sayıp dökmüş!» Böylece yaptıklarını karşılarında bulmuşlardır. Senin Rabbin hiç kimseye zulmetmez. **50**: Hani biz meleklere: Âdem'e secde edin, demiştik; İblis hariç olmak üzere, onlar hemen secde ettiler. İblis cinlerdendi; Rabbinin emrinden dışarı çıktı. Şimdi siz, beni bırakıp da onu ve onun soyunu mu dost ediniyorsunuz? Oysa onlar sizin düşmanınızdır. Zalimler için bu ne fena bir değişmedir! **51**: Ben onları (İblis ve soyunu) ne göklerin ve yerin yaratılışına, ne de bizzat kendilerinin yaratılışına şahit tuttum. Ben yoldan çıkaranları yardımcı edinecek değilim. **52**: Yine o günü (düşünün ki, Allah, kâfirlere): Benim ortaklarım olduklarını ileri sürdüğünüz şeyleri çağırın! buyurur. Çağırmışlardır onları; fakat kendilerine cevap vermemişlerdir. Biz onların arasına tehlikeli bir uçurum koyduk. 53: Suçlular ateşi görür görmez, orayı boylayacaklarını iyice anladılar; ondan kurtuluş yolu da bulamadılar. 54: Hakikaten biz bu Kur'an'da insanlar için her türlü misali sayıp dökmüşüzdür. Fakat tartışmaya en çok düşkün varlık insandır. 55: Kendilerine hidayet geldiğinde insanları iman etmekten ve Rablerinden mağfiret talep etmekten alıkoyan şey, sadece, öncekilerinin başına gelenlerin kendi başlarına da gelmesini, yahut azabın göz göre göre kendilerine gelmesini beklemeleridir! 56: Biz rasulleri, sadece müjdeleyiciler ve uyarıcılar olarak göndeririz. Kâfir olanlar ise, hakkı bâtıla dayanarak ortadan kaldırmak için bâtıl yolla mücadele verirler. Onlar âyetlerimizi ve uyarıldıkları şeyleri alaya almışlardır. 57: Kendisine Rabbinin âyetleri hatırlatılıp da ona sırt çevirenden, kendi elleriyle yaptığını unutandan daha zalim kim vardır! Biz onların kalplerine, bunu anlamalarına engel olan bir ağırlık, kulaklarına da sağırlık verdik. Sen onları hidayete çağırsan da artık ebediyen hidayete eremeyeceklerdir. 58: Senin, bağışı bol olan Rabbin merhamet sahibidir; şayet yaptıkları yüzünden onları (hemen) muaheze edecek olsaydı, onlara azabı çarçabuk verirdi. Fakat kendilerine tanınmış belli bir süre vardır ki, artık bundan kaçıp kurtulacakları bir sığınak bulamayacaklardır. 59: İşte şu ülkeler; zulmettikleri zaman onları helâk ettik. Onları helâk etmek için de belli bir zaman tayin etmiştik. 60: Bir vakit Musa genç adamına demişti ki: «Durup dinlenmeyeceğim; tâ iki denizin birleştiği yere kadar varacağım, yahut senelerce yürüyeceğim.» 61: Her ikisi, iki denizin birleştiği yere varınca balıklarını unuttular. Balık, denizde bir yol tutup gitmişti. 62: (Buluşma yerlerini) geçip gittiklerinde Musa genç adamına: Kuşluk yemeğimizi getir bize. Hakikaten şu yolculuğumuz yüzünden başımıza (epeyce) sıkıntı geldi, dedi. 63: (Genç adam:) Gördün mü! dedi, kayaya sığındığımız sırada balığı unuttum. Onu hatırlamamı bana şeytandan başkası unutturmadı. O, şaşılacak bir şekilde denizde yolunu tutup gitmişti. 64: Musa: İşte aradığımız o idi, dedi. Hemen izlerinin üzerine geri döndüler. 65: Derken, kullarımızdan bir kul buldular ki, ona katımızdan bir rahmet (vahiy ve peygamberlik) vermiş, yine ona tarafımızdan bir ilim öğretmiştik. 66: Musa ona: Sana öğretilenden, bana, doğruyu bulmama yardım edecek bir bilgi öğretmen için sana tâbi olayım mı? dedi. 67: Dedi ki: Doğrusu sen benimle beraberliğe sabredemezsin. 68: (İç yüzünü) kavrayamadığın bir bilgiye nasıl sabredersin? 69: Musa: İnşaallah, dedi, sen beni sabreder bulacaksın. Senin emrine de karşı gelmem. 70: (O kul:) Eğer bana tâbi olursan, sana o konuda bilgi verinceye kadar hiçbir şey hakkında bana soru sorma! dedi. 71: Bunun üzerine yürüdüler. Nihayet gemiye bindikleri zaman o (Hızır) gemiyi deldi. Musa: Halkını boğmak için mi onu deldin? Gerçekten sen (ziyanı) büyük bir iş yaptın! dedi. 72: (Hızır:) Ben sana, benimle beraberliğe sabredemezsin, demedim mi? dedi. 73: Musa: Unuttuğum şeyden dolayı beni muaheze etme; işimde bana güçlük çıkarma, dedi. 74: Yine yürüdüler. Nihayet bir erkek çocuğa rastladıklarında (Hızır) hemen onu öldürdü. Musa dedi ki: Tertemiz bir canı, bir can karşılığı olmaksızın (kimseyi öldürmediği halde) katlettin ha! Gerçekten sen fena bir şey yaptın! 75: (Hızır:) Ben sana, benimle beraber (olacaklara) sabredemezsin, demedim mi? dedi. 76: Musa: Eğer, dedi, bundan sonra sana bir şey sorarsam artık bana arkadaşlık etme. Hakikaten benim tarafımdan (ileri sürebilecek) mazeretin sonuna ulaştın. 77: Yine yürüdüler. Nihayet bir köy halkına varıp onlardan yiyecek istediler. Ancak köy halkı onları misafir etmekten kaçındılar. Derken orada yıkılmak üzere bulunan bir duvarla karşılaştılar. (Hızır) hemen onu doğrulttu. Musa: Dileseydin, elbet buna karşı bir ücret alırdın, dedi. 78: (Hızır) şöyle dedi: «İşte bu, benimle senin aramızın ayrılmasıdır. Şimdi sana, sabredemediğin şeylerin içyüzünü haber vereceğim.» 79: «Gemi var ya, o, denizde çalışan yoksul kimselerindi. Onu kusurlu kılmak istedim. (Çünkü) onların arkasında, her (sağlam) gemiyi gasbetmekte olan bir kral vardı.» 80: «Erkek çocuğa gelince, onun ana babası, mümin kimselerdi. Bunun için (çocuğun) onları azgınlık ve nankörlüğe boğmasından korktuk.» 81: (Devam etti:)

«Böylece istedik ki, Rableri onun yerine kendilerine, ondan daha temiz ve daha merhametlisini versin.» 82: «Duvara gelince, şehirde iki yetim çocuğun idi; altında da onlara ait bir hazine vardı; babaları ise iyi bir kimse idi. Rabbin istedi ki, o iki çocuk güçlü çağlarına erişsinler ve Rabbinden bir rahmet olarak hazinelerini çıkarsınlar. Ben bunu da kendiliğimden yapmadım. İşte, hakkında sabredemediğin şeylerin iç yüzü budur.» 83: (Rasûlüm!) Sana Zülkarneyn hakkında soru sorarlar. De ki: Size ondan bir hatıra okuyacağım. 84: Gerçekten biz onu yeryüzünde iktidar ve kudret sahibi kıldık, ona (muhtaç olduğu) her şey için bir sebep (bir vasıta ve yol) verdik. 85: O da bir yol tutup gitti. 86: Nihayet güneşin battığı yere varınca, onu kara bir balçıkta batar buldu. Onun yanında (orada) bir kavme rastladı. Bunun üzerine biz: Ey Zülkarneyn! Onlara ya azap edecek veya haklarında iyilik etme yolunu seçeceksin, dedik. 87: O, şöyle dedi: «Haksızlık edeni cezalandıracağız; sonra o, Rabbine gönderilecek; sonra Allah da ona korkunç bir azap uygulayacak.» 88: «İman edip de iyi davranan kimseye gelince, onun için de en güzel bir karşılık vardır. Ve buyruğumuzdan, ona kolay olanını söyleyeceğiz.» 89: Sonra yine bir yol tuttu. 90: Nihayet güneşin doğduğu yere ulaşınca, onu öyle bir kavim üzerine doğar buldu ki, onlar için güneşe karşı bir örtü yapmamıştık. 91: İşte böylece onunla ilgili her şeyden haberdardık. 92: Sonra yine bir yol tuttu. 93: Nihayet iki dağ arasına ulaştığında onların önünde, hemen hiçbir sözü anlamayan bir kavim buldu. 94: Dediler ki: Ey Zülkarneyn! Bu memlekette Ye'cûc ve Me'cûc bozgunculuk yapmaktadırlar. Bizimle onlar arasında bir sed yapman için sana bir vergi verelim mi? 95: Dedi ki: «Rabbimin beni içinde bulundurduğu nimet ve kudret daha hayırlıdır. Siz bana kuvvetinizle destek olun da, sizinle onlar arasına aşılmaz bir engel yapayım.» 96: «Bana, demir kütleleri getirin.» Nihayet dağın iki yanı arasını aynı seviyeye getirince (vadiyi doldurunca): «Üfleyin (körükleyin)!» dedi. Artık onu kor haline sokunca: «Getirin bana, üzerine bir miktar erimiş bakır dökeyim» dedi. 97: Bu sebeple onu ne aşmaya muktedir oldular ne de onu delebildiler. 98: Zülkarneyn: Bu, Rabbimden bir rahmettir. Fakat Rabbimin vâdi gelince, O, bunu yerle bir eder. Rabbimin vâdi haktır, dedi. 99: O gün (kıyamet gününde bakarsın ki) biz onları, birbirine çarparak çalkalanır bir halde bırakmışızdır; Sûr'a da üfürülmüş, böylece onları bütünüyle bir araya getirmişizdir. 100-101: Ve, gözleri beni görmeye kapalı bulunan, kulak vermeye de tahammül edemez olan kâfirleri o gün cehennemle yüz yüze getirmişizdir. 102: Kâfirler, beni bırakıp da kullarımı dostlar edineceklerini mi sandılar? Biz cehennemi kâfirlere bir konak olarak hazırladık. 103: De ki: Size, (yaptıkları) işler bakımından en çok ziyana uğrayanları bildirelim mi? 104: (Bunlar;) iyi işler yaptıklarını sandıkları halde, dünya hayatında çabaları boşa giden kimselerdir. 105: İşte onlar, Rablerinin âyetlerini ve O'na kavuşmayı inkâr eden, bu yüzden amelleri boşa giden kimselerdir ki, biz onlar için kıyamet gününde hiçbir ölçü tutmayacağız. 106: İşte, inkâr ettikleri, âyetlerimi ve rasûllerimi alaya aldıkları için onların cezası cehennemdir. 107: İman edip iyi davranışlarda bulunanlara gelince, onlar için makam olarak Firdevs cennetleri vardır. 108: Orada ebedî kalacaklardır. Oradan hiç ayrılmak istemezler. 109: De ki: Rabbimin sözleri için derya mürekkep olsa ve bir o kadar da ilâve getirsek dahi, Rabbimin sözleri bitmeden önce deniz tükenecektir. 110: De ki: Ben, yalnızca sizin gibi bir beşerim. (Şu var ki) bana, İlâh'ınızın, sadece bir İlâh olduğu vahyolunuyor. Artık her kim Rabbine kavuşmayı umuyorsa, iyi iş yapsın ve Rabbine ibadette hiçbir şeyi ortak koşmasın.."

{Kehf, 1-110}

- Rahmân ve Rahîm olan Allah'ın adıyla -

"1: Tâ. Sîn. Mîm. 2: Bunlar, apaçık Kitab'ın âyetleridir. 3: İman eden bir kavim için (faydalı olmak üzere) Musa ile Firavun'un haberlerinden bir kısmını sana gerçek şekliyle nakledeceğiz. 4: Firavun, (Mısır) toprağında gerçekten azmış, halkını çeşitli zümrelere bölmüştü. Onlardan bir zümreyi güçsüz buluyor, bunların oğullarını boğazlıyor, kızlarını ise sağ bırakıyordu. Çünkü o bozgunculardandı. 5: Biz ise, o yerde güçsüz düşürülenlere lütufta bulunmak, onları önderler yapmak ve onları (mukaddes topraklara) vâris kılmak istiyorduk. 6: Ve o yerde onları hakim kılmak; Firavun ile Hâmân'a ve ordularına, onlardan (İsrailoğullarından gelecek diye) korktukları şeyi göstermek (istiyorduk). 7: Musa'nın anasına: Onu emzir, kendisine zarar geleceğinden endişelendiğinde onu denize (Nil nehrine) bırakıver, hiç korkup kaygılanma, çünkü biz onu sana geri vereceğiz ve onu peygamberlerden biri yapacağız, diye bildirdik. 8: Nihayet Firavun ailesi onu yitik çocuk olarak (nehirden) aldı. O, sonunda kendileri için bir düşman ve bir tasa olacaktı. Şüphesiz Firavun ile Hâmân ve askerleri yanlış yolda idiler. 9: Firavun'un karısı (sepetin içinden erkek çocuk çıkınca kocasına:) Benim ve senin için göz aydınlığıdır! Onu öldürmeyin, belki bize faydası dokunur, ya da onu evlât ediniriz, dedi. Halbuki onlar (işin sonunu) sezemiyorlardı. 10: Musa'nın anasının yüreğinde yalnızca çocuğunun tasası kaldı. Eğer biz, (vâdimize) inananlardan olması için onun kalbini pekiştirmemiş olsaydık, neredeyse işi meydana çıkaracaktı. 11: Annesi Musa'nın ablasına: Onun izini takip et, dedi. O da, onlar farkına varmadan uzaktan kardeşini gözetledi. 12: Biz daha önceden (annesine geri verilinceye kadar) onun süt analarını kabulüne (emmesine) müsaade etmedik. Bunun üzerine ablası: Size, onun bakımını namınıza üstlenecek, hem de ona iyi davranacak bir aile göstereyim mi? dedi. 13: Böylelikle biz onu, anasına, gözü aydın olsun, gam çekmesin ve Allah'ın vâdinin gerçek olduğunu bilsin diye geri verdik. Fakat yine de pek çoğu (bunu) bilmezler. 14: Musa yiğitlik çağına erip olgunlaşınca, biz ona hikmet ve ilim verdik. İşte güzel davrananları biz böylece mükâfatlandırırız. 15: Musa, ahalisinin habersiz olduğu bir sırada şehre girdi. Orada, biri kendi tarafından, diğeri düşman tarafından olan iki adamı birbiriyle döğüşür buldu. Kendi tarafından olanı, düşmana karşı ondan yardım diledi. Musa da ötekine, bir yumruk vurup ölümüne sebep oldu. (Bunun üzerine:) Bu şeytan işidir. O, gerçekten saptırıcı, apaçık bir düşman, dedi. 16: Musa: Rabbim! Doğrusu kendime zulmettim (başıma iş açtım). Beni bağışla dedi, Allah da onu bağışladı. Çünkü, çok bağışlayıcı, çok esirgeyici olan ancak O'dur. 17: Musa: Rabbim! Bana lütfettiğin nimetlere andolsun ki, artık suçlulara (ve suça itenlere) asla arka çıkmayacağım, dedi. 18: Şehirde korku içinde, (etrafı) gözetleyerek sabahladı. Bir de ne görsün, dün kendisinden yardım isteyen kimse, feryat ederek yine ondan imdat istiyor. Musa ona (yardım isteyene) dedi ki: Doğrusu sen, besbelli bir azgınsın! 19: Musa, ikisinin de düşmanı olan adamı yakalamak isteyince, o adam dedi ki: Ey Musa! Dün bir cana kıydığın gibi, bana da mı kıymak istiyorsun? Demek, düzelticilerden olmak istemiyor da, bu yerde ille yaman bir zorba olmayı arzuluyorsun sen! 20: Şehrin öbür ucundan bir adam koşarak geldi: Ey Musa! İleri gelenler seni öldürmek için hakkında müzakere ediyorlar. Derhal (buradan) çık! İnan ki ben senin iyiliğini isteyenlerdenim, dedi. 21: Musa korka korka, (etrafı) gözetleyerek oradan çıktı. «Rabbim! Beni zalimler güruhundan kurtar» dedi. 22: Medyen'e doğru yöneldiğinde: Umarım, Rabbim beni doğru yola iletir, dedi. 23: Musa, Medyen suyuna varınca, orada (hayvanlarını) sulayan birçok insan buldu. Onların gerisinde de, (hayvanlarını) engelleyen iki kadın gördü. Onlara: Derdiniz nedir? dedi. Şöyle cevap verdiler: Çobanlar sulayıp çekilmeden biz (onların içine sokulup hayvanlarımızı) sulamayız; babamız da çok yaşlıdır. 24: Bunun üzerine Musa, onların yerine (davarlarını) sulayıverdi. Sonra gölgeye çekildi ve: Rabbim! Doğrusu bana indireceğin her hayra (lütfuna) muhtacım, dedi. 25: Derken, o iki kadından biri utana utana yürüyerek ona geldi: Babam, dedi, bizim yerimize (hayvanları) sulamanın karşılığını ödemek için seni çağırıyor. Musa, ona (Hz. Şuayb'a) gelip başından geçeni anlatınca o: Korkma, o zalim kavimden kurtuldun, dedi. 26: (Şuayb'ın) iki kızından biri: Babacığım! Onu ücretle (çoban) tut. Çünkü ücretle istihdam edeceğin en iyi kimse, güçlü ve güvenilir olandır, dedi. 27: (Şuayb) dedi ki: Bana sekiz yıl çalışmana karşılık şu iki kızımdan birini sana nikâhlamak istiyorum. Eğer on yıla tamamlarsan artık o kendinden; yoksa sana ağırlık vermek istemem. İnşallah beni iyi kimselerden (işverenlerden) bulacaksın. 28: Musa şöyle cevap verdi: Bu seninle benim aramdadır. Bu iki süreden hangisini doldurursam doldurayım, demek ki bana karşı husumet yok. Söylediklerimize Allah vekîldir. 29: Sonunda Musa süreyi doldurup ailesiyle yola çıkınca, Tûr tarafından bir ateş gördü. Ailesine: Siz (burada) bekleyin; ben bir ateş gördüm, belki oradan size bir haber yahut ısınmanız için bir ateş parçası getiririm, dedi. 30: Oraya gelince, o mübarek yerdeki vâdinin sağ kıyısından, (oradaki) ağaç tarafından kendisine şöyle seslenildi: Ey Musa! Bil ki ben, bütün âlemlerin Rabbi olan Allah'ım. 31: Ve «Asânı at!» (denildi). Musa (attığı) asâyı yılan gibi deprenir görünce, dönüp arkasına bakmadan kaçtı. «Ey Musa! Beri gel, korkma. Çünkü sen emniyette olanlardansın» (buyuruldu). 32: «Elini koynuna sok; kusursuz, bembeyaz çıkacaktır. Korkudan (açılan) kollarını kendine çek. İşte bu ikisi Firavun ve onun adamlarına karşı Rabbin tarafından iki kesin delildir. Çünkü onlar, yoldan çıkan bir kavim olmuşlardır» (diye seslenildi). 33: Musa dedi ki: Rabbim! Ben onlardan birini öldürmüştüm, beni öldürmelerinden korkuyorum. 34: Kardeşim Harun'un dili benimkinden daha düzgündür. Onu da beni doğrulayan bir yardımcı olarak benimle birlikte gönder. Zira bana yalancılık ithamında bulunmalarından endişe ediyorum. 35: Allah buyurdu: Seni kardeşinle destekleyeceğiz ve size öyle bir kudret vereceğiz ki, âyetlerimiz (mucize yardımlarımız) sayesinde onlar size erişemiyecekler. Siz ve size tâbi olanlar üstün geleceksiniz. 36: Musa onlara apaçık âyetlerimizi getirince: Bu, olsa olsa uydurulmuş bir sihirdir. Biz önceki atalarımızdan böylesini işitmemiştik, dediler. 37: Musa şöyle dedi: Rabbim, kendi katından kimin hidayet (hakka rehberlik) getirdiğini ve hayırlı âkıbetin kime nasip olacağını en iyi bilendir. Muhakkak ki, zalimler iflâh olmazlar. 38: Firavun: Ey ileri gelenler! Sizin için benden başka bir ilâh tanımıyorum. Ey Hâmân! Haydi benim için çamur üzerine ateş yak (ve tuğla imal et), bana bir kule yap ki Musa'nın tanrısına çıkayım; ama sanıyorum, o mutlaka yalan söyleyenlerdendir, dedi. 39: O ve askerleri, yeryüzünde haksız yere büyüklük tasladılar ve gerçekten bize döndürülmeyeceklerini sandılar. 40: Biz de onu ve askerlerini yakalayıp denize atıverdik. Bak işte, zalimlerin sonu nice oldu! 41: Onları, (insanları) ateşe çağıran öncüler kıldık. Kıyamet günü onlar yardım görmeyeceklerdir. 42: Bu dünyada arkalarına lânet taktık. Onlar, kıyamet gününde de kötülenmişler arasındadır. 43: Andolsun biz, ilk nesilleri yok ettikten sonra Musa'ya, -düşünüp öğüt alsınlar diye- insanlar için apaçık deliller, hidayet rehberi ve rahmet olarak o Kitab'ı (Tevrat'ı) vermişizdir. 44: (Rasûlüm!) Musa'ya emrimizi vahyettiğimiz sırada, sen batı yönünde bulunmuyordun ve (o hadiseyi) görenlerden de değildin. 45: Bilakis biz nice nesiller var ettik de, onların üzerinden uzun zamanlar geçti. Sen, âyetlerimizi kendilerinden okuyarak öğrenmek üzere Medyen halkı arasında oturmuş da değilsin; aksine (onları sana) gönderen biziz. 46: (Musa'ya) seslendiğimiz zaman da, sen Tûr'un yanında değildin. Bilakis, senden önce kendilerine uyarıcı (peygamber) gelmeyen bir kavmi uyarman için Rabbinden bir rahmet olarak (orada geçenleri sana bildirdik); ola ki düşünüp öğüt alırlar. 47: Bizzat kendi yaptıklarından dolayı başlarına bir musibet geldiğinde: Rabbimiz! Ne olurdu bize bir peygamber gönderseydin de, âyetlerine uysak ve müminlerden olsaydık! diyecek olmasalardı (seni göndermezdik). 48: Fakat onlara tarafımızdan o hak (Peygamber) gelince: «Musa'ya verilen (mucizeler) gibi ona da verilmeli değil miydi?» dediler. Peki, daha önce Musa'ya verileni de inkâr etmemişler miydi? «Birbirini destekleyen iki sihir!» demişler ve şunu söylemişlerdi: Doğrusu biz hiçbirine inanmıyoruz. 49: (Rasûlüm!) De ki: Eğer doğru sözlüler iseniz, Allah katından bu ikisinden (bana ve Musa'ya inen kitaplardan) daha doğru bir kitap getirin de ben ona uyayım! 50: Eğer sana cevap veremezlerse, bil ki onlar, sırf heveslerine uymaktadırlar. Allah'tan bir yol gösterici olmaksızın kendi hevesine uyandan daha sapık kim olabilir! Elbette Allah zalim kavmi doğru yola iletmez. 51: Andolsun ki biz, düşünüp öğüt alsınlar diye, sözü (vahyi) birbiri ardınca yetiştirmişizdir (aralıksız vahiylerimizi göndermişizdir). 52: Ondan (Kur'an'dan) önce kendilerine kitap verdiklerimiz, ona da iman ederler. 53: Onlara (Kur'an) okunduğu zaman: Ona iman ettik. Çünkü o Rabbimizden gelmiş hakikattir. Esasen biz daha önce de Müslüman idik, derler. 54: İşte onlara, sabretmelerinden ötürü, mükâfatları iki defa verilecektir. Bunlar kötülüğü iyilikle savarlar, kendilerine verdiğimiz rızıktan da Allah rızası için harcarlar. 55: Onlar, boş söz işittikleri zaman ondan yüz çevirirler ve: Bizim işlerimiz bize, sizin işleriniz size. Size selam olsun. Biz kendini bilmezleri (arkadaş edinmek) istemeyiz, derler. 56: (Rasûlüm!) Sen sevdiğini hidayete erdiremezsin; bilakis, Allah dilediğine hidayet verir ve hidayete girecek olanları en iyi O bilir. 57: «Biz seninle beraber doğru yola uyarsak, yurdumuzdan atılırız» dediler. Biz onları, kendi katımızdan bir rızık olarak her şeyin ürünlerinin toplanıp getirildiği, güvenli, dokunulmaz bir yere (Mekke-i Mükerreme'ye) yerleştirmedik mi? Fakat onların çoğu bilmezler. 58: Biz, refahından şımarmış nice memleketi helâk etmişizdir. İşte yerleri! Kendilerinden sonra oralarda pek az oturulabilmiştir. Onlara biz vâris olmuşuzdur. 59: Rabbin, kendilerine âyetlerimizi okuyan bir peygamberi memleketlerin merkezine göndermedikçe, o memleketleri helâk edici değildir. Zaten biz ancak halkı zalim olan memleketleri helâk etmişizdir. 60: Size verilen şeyler, dünya hayatının geçim vasıtası ve süsüdür. Allah katında olanlar ise, daha hayırlı ve daha kalıcıdır. Hâla buna aklınız ermeyecek mi? 61: Şu halde, kendisine güzel bir vaadde bulunduğumuz kimse -ki ona mutlaka kavuşacaktır-, (sırf) dünya hayatının geçici menfaat ve zevkini yaşattığımız, sonra kıyamet gününde (azap için) huzurumuza getirilenler arasında bulunan kimse gibi midir? 62: O gün Allah onları çağırarak: Benim ortaklarım olduklarını iddia ettikleriniz hani nerede? diyecektir. 63: (O gün) aleyhlerine söz (hüküm) gerçekleşmiş olanlar: Rabbimiz! Şunlar azdırdığımız kimselerdir. Biz nasıl azmışsak onları da öylece azdırdık (yoksa onları zorlayan bir gücümüz yoktu. Onların suçlarından) berî olduğumuzu sana arzederiz. Zaten onlar aslında bize tapmıyorlardı (kendi arzularına tapıyorlardı), derler. 64: «(Allah'a koştuğunuz) ortaklarınızı çağırın!» denir, onlar da çağırırlar; fakat kendilerine cevap vermezler ve (karşılarında) azabı görürler. Ne olurdu (dünyada iken) doğru yola girselerdi! 65: O gün Allah onları çağırarak: Peygamberlere ne cevap verdiniz? diyecektir. 66: İşte o gün onlara bütün haberler körleşmiştir (delilleri tükenmiş, söyleyecek sözleri kalmamıştır); onlar birbirlerine de soramayacaklardır. 67: Fakat tevbe eden, iman edip iyi işler yapan kimseye gelince, onun kurtuluşa erenler arasında olması umulur. 68: Rabbin, dilediğini yaratır ve seçer. Onların seçim hakkı yoktur. Allah, onların ortak koştuklarından münezzehtir ve şânı yücedir. 69: Rabbin, onların, sînelerinde gizlediklerini de, açığa vurduklarını da bilir. 70: İşte O, Allah'tır. O'ndan başka tanrı yoktur. Önünde de, sonunda da hamd O'nundur, hüküm O'nundur. Ve ancak O'na döndürüleceksiniz. 71: (Rasûlüm!) De ki: Düşündünüz mü hiç, eğer Allah üzerinizde geceyi ta kıyamet gününe kadar aralıksız devam ettirse, Allah'tan başka size bir ışık getirecek tanrı kimdir? Hâla işitmeyecek misiniz? 72: De ki: Söyleyin bakalım, eğer Allah üzerinizde gündüzü ta kıyamet gününe kadar aralıksız devam ettirse, Allah'tan başka, istirahat edeceğiniz geceyi size getirecek tanrı kimdir? Hâla görmeyecek misiniz? 73: Rahmetinden ötürü Allah, geceyi ve gündüzü yarattı ki geceleyin dinlenesiniz, (gündüzün) O'nun fazlu kereminden (rızkınızı) arayasınız ve şükredesiniz. 74: O gün Allah onları çağırarak: Benim ortaklarım olduklarını iddia ettikleriniz hani nerede? diyecektir. 75: (O gün) her ümmetten bir şahit çıkarır, (kâfirlere): Kesin delilinizi getirin! deriz. O zaman bilirler ki hakikat Allah'a aittir ve uydurageldikleri şeyler (putlar) da kendilerinden ayrılıp kaybolmuşlardır. 76: Karun, Musa'nın kavminden idi de, onlara karşı azgınlık etmişti. Biz ona öyle hazineler vermiştik ki, anahtarlarını güçlü kuvvetli bir topluluk zor taşırdı. Kavmi ona şöyle demişti: Şımarma! Bil ki Allah şımarıkları sevmez. 77: Allah'ın sana verdiğinden (O'nun yolunda harcayarak) ahiret yurdunu iste; ama dünyadan da nasibini unutma. Allah sana ihsan ettiği gibi, sen de (insanlara) iyilik et. Yeryüzünde bozgunculuğu arzulama. Şüphesiz ki Allah, bozguncuları sevmez. 78: Karun ise: O (servet) bana ancak kendimdeki bilgi sayesinde verildi, demişti. Bilmiyor muydu ki Allah, kendinden önceki nesillerden, ondan daha güçlü, ondan daha çok taraftarı olan kimseleri helâk etmişti. Günahkârlardan günahları sorulmaz (Allah onların hepsini bilir). 79: Derken, Karun, ihtişamı içinde kavminin karşısına çıktı. Dünya hayatını arzulayanlar: Keşke Karun'a verilenin benzeri bizim de olsaydı; doğrusu o çok şanslı! dediler. 80: Kendilerine ilim verilmiş olanlar ise şöyle dediler: Yazıklar olsun size! İman edip iyi işler yapanlara göre Allah'ın mükâfatı daha üstündür. Ona da ancak sabredenler kavuşabilir. 81: Nihayet biz, onu da, sarayını da yerin dibine geçirdik. Artık Allah'a karşı kendisine yardım edecek avanesi olmadığı gibi, o, kendini savunup kurtarabilecek kimselerden de değildi. 82: Daha dün onun yerinde olmayı isteyenler: Demek ki, Allah rızkı, kullarından dilediğine bol veriyor, dilediğine de az. Şayet Allah bize lütufta bulunmuş olmasaydı, bizi de yerin dibine geçirirdi. Vay! Demek ki inkârcılar iflâh olmazmış! demeye başladılar. 83: İşte ahiret yurdu! Biz onu yeryüzünde böbürlenmeyi ve bozgunculuğu arzulamayan kimselere veririz. (En güzel) âkıbet, takvâ sahiplerinindir. 84: Kim bir iyilik getirirse ona bundan daha hayırlı karşılık vardır. Kim bir kötülük getirirse, o kötülükleri işleyenler, ancak yaptıkları kadar ceza görürler. 85: (Rasûlüm!) Kur'an'ı (okumayı, tebliğ etmeyi ve ona uymayı) sana farz kılan Allah, elbette seni (yine) dönülecek yere döndürecektir. De ki: Rabbim, kimin hidayeti getirdiğini ve kimin apaçık bir sapıklık içinde olduğunu en iyi bilendir. 86: Sen, bu Kitab'ın sana vahyolunacağını ummuyordun. (Bu) ancak Rabbinden bir rahmet (olarak gelmiş)tir. O halde sakın kâfirlere arka çıkma! 87: Allah'ın âyetleri sana indirildikten sonra, artık sakın onlar seni bu âyetlerden alıkoymasınlar. Rabbine davet et. Asla müşriklerden olma! 88: Allah ile birlikte başka bir tanrıya tapıp yalvarma! O'ndan başka tanrı yoktur. O'nun zâtından başka her şey yok olacaktır. Hüküm O'nundur ve siz ancak O'na döndürüleceksiniz.."

{Kasas, 1-88}

◊ ONBEŞİNCİ PENCERE ◊

☐ **ONBEŞİNCİ MESELE:** Kıyamet Gerçekliği'nin ilk harfleri Kaf (ق) ve Kef (ك) harflerine ve son harfi Ya (ي) harfine baktığı gibi;

müellifinin zuhurunun ve veladetinin çıkış yeri olan;

قافكاسيا

"**KAFKASYA**" ismi dahi, makam-ı cifrisi "**276**" olarak Kıyametle Gerçekliği'ni ve Müellifini işaret ederek remzen gösterir. Dolayısıyla Kur'ân'da ekseri Kıyamet ve âhirzamanla ilgili kelimelerin başlarında bulunan bu **KAF** (ق) harfi, müellif için bir ism-i âzâmın baş harfi hükmüne geçmiş olup; ayrıca kıyametten detaylı bir şekilde bahseden Kıyamet, Kamer ve Kadir surelerindeki bazı ayetler **Kıyamet Gerçekliği'**ne kuvvetli bir tarzda işaret ederek; özellikle **Kıyamet suresinin 1.** ve **19.** ayetleri müellifin eserlerine bu ismi vermesinin en önemli sebeplerinden birincisini ve en önemlisini oluşturur. Örneğin, Kıyamet suresinin özellikle 16, 17, 18 ve 19. ayetleri kıyametin düzenlenmesi, buna ilişkin bilginin okutulması ve açıklanmasından açık bir şekilde bahseder:

لَا تُحَرِّكْ بِهِ لِسَانَكَ لِتَعْجَلَ بِهِ (١٦) اِنَّ عَلَيْنَا جَمْعَهُ وَقُرْاٰنَهُ (١٧) فَاِذَا قَرَاْنَاهُ فَاتَّبِعْ قُرْاٰنَهُ (١٨) ثُمَّ اِنَّ عَلَيْنَا بَيَانَهُ (١٩)

"O'nu (Kıyameti) çabuklaştırmak için dilini onunla kıpırdatma. Şüphesiz, O'na ait bilgiyi toplamak ve okutmak bize aittir. O halde biz onu okuduğumuz sırada okunuşunu takip et. Sonra, onu açıklamak da bize aittir."

{Kıyamet, 16-19}

16. ayetin makam-ı cifrisi, şeddeli ra bir ra (200) ve ayetin sonundaki vakıf bir ta (9) sayılmak şartıyla **1376** yaparak hicri 13. asrın sonunda ortaya çıkacak olan ve kıyametin habercisi olan bir esere, yani kıyamet gerçekliğine remzen işaret ettiği gibi; şeddeli ra iki ra (400) sayılmak şartıyla **1576** yaparak kıyametin yaklaşma zamanının çabuklaşmasından, yani zamanın akış hızının iyice artmasından harika bir şekilde haber verir. Yine benzer şekilde, 17 ve 19. ayetlerde geçen;

اِنَّ عَلَيْنَا جَمْعَهُ وَقُرْاٰنَهُ ثُمَّ عَلَيْنَا بَيَانَهُ

"Şüphesiz, O'na ait bilgiyi toplamak ve okutmak sonra, onu açıklamak bize aittir."

cümlesinin makam-ı cifrisi şeddeli mim ve nunlar birer olmak üzere ve kuvvetli te'kidi gösteren ayetlerin sonundaki ikişer defa tekrar eden ha'yı atıf iki he (10) ve ya'i vakıf iki ya (20) sayılmak şartıyla **1476** yaparak hicri 14. asırda hem kıyamet bilgisinin toplanması ve okunması görevini yapan ve hem de ona ilişkin gaybî bilgiyi detaylı bir şekilde açıklayarak haşri ve ahiretin varlığını kıyametin gelmesi noktasında isbat ederek iman-ı tahkikiyi neşreden bir eserin hem kendisine ve hem de müellifinin cifir değerine tam tevafuk ederek kuvvetli bir şekilde remzen ve dalaleten işaret eder. Ayrıca bu ayetlerde vurgulanan, "جَمْعَهُ" "Toplanmış" kelimesi Kıyamet Gerçekliği eserlerinin çeşitli ilmi eserlerden, doğu ve batıdaki tüm ilmi kaynaklardan ve önemli Kur'ânî kaynaklardan faydalanarak ve araştırmaya ve tetkike dayalı tahkiki bir surette toplanarak oluşturulmuş bir eserler bütünü olduğuna işaret eder. Ayrıca bu "Cem'ahû" ifadesi, bir başka manada "Birleştirilmiş" anlamında kıyamet gerçekliği eserlerinden, "جَمْعُ الإِضَافِيَّة" yani Allah'ın Vahdaniyetini ve Ehadiyyetini modern teorik Fizik ve Matematik yoluyla, daha önce teorik fizik veya matematikle ilgili hiçbir akademik çalışmada rastlanmayan bir üslup ve tarzda Kur'anın bazı semavi müteşabih ayetlerinin Matematik ve Fizik Lisanıyla tefsirini yaparak Allah'ın varlığını ve Bir olması gerektiğini kuvvetli delillerle isbat eden **"Birleşik Alan Teorisi"**ne remzen bakar ve işaret eder. Ayrıca diğer bir kısım eserlerdeki kıyamet sürecinin okutulması ve isbat edilmesine de işaret eder. Ayrıca bu ayetlerden bir önceki ayette geçen **"Tuharrik bihi Lisaneke"** ifadesi de, bu **"Cem'ahu"** ifadesiyle işaret edilen bu eserlere bakmaktadır ki, iki cümle ortadaki işaret edilen lafzı aralarına alarak kelimeleri adeta atom, zerreler ve küreler gibi hareket ettirerek kendi lisanlarıyla konuşturduğu gibi; kıyamet gerçekliği eserlerindeki her bir parça eserin varlık aleminin hakikatini dualiteye sahip olan ikişer bilim dalını içerisine alarak, zamanın **100** senelik bir mesafesine bakarak o meseledeki ilmi bakış açısını tecdid eder. Zerrelerin ve Kürelerin hareketlerini kendi kanunlarının tabi olduğu Lisanlarla, yani fen bilimleriyle konuşturur ki, aynı tarzda oluşturulmuş ve açıklanmış olan ve Kainat kitabından okutularak düzenlenmiş birer kanunlar manzumesi olduğunu ve hepsinin gerçek ve tek hareket ettirici kuvvetinin, kaynağının ve tabi oldukları kevni kanunların aynı müessirin eseri olduğunu ilan ve isbat eder. Evet, kıyamet gerçekliğindeki her bir parça eser, ikişer ilim dalını kapsayan ikişer lisanla, sözgelimi **Matematik-Fizik, Kimya-Biyoloji, Tarih-Coğrafya, Arkeoloji-Jeoloji, Felsefe-Mantık, Sosyoloji-Ekoloji, Astrofizik-Biyokimya** gibi v.b. iç içe geçmiş ilimlerin mütedahil bölümlerini Vahidiyyet ve Ehadiyyet çerçevesinde ortaya çıkartarak 55 Lisanla iman-ı tahkikiyi bu ilimlerin kendi lisanıyla ahir zaman ve kıyamete bakan vechini yakalayarak ilan ve isbat eder. Hem ayrıca, bu eserlerin Arapça olmayarak; müellifin kendi Lisanı olan Türkçe te'lif edildiğini remzen işaret eder.

- Rahmân ve Rahîm olan Allah'ın adıyla -

"**1**: Kıyamet gününe yemin ederim. **2**: Kendini kınayan (pişmanlık duyan) nefse yemin ederim (diriltilip hesaba çekileceksiniz). **3**: İnsan, kendisinin kemiklerini biraraya toplayamayacağımızı mı sanır? **4**: Evet, bizim, onun parmak uçlarını bile aynen eski haline getirmeye gücümüz yeter. **5**: Fakat insan önündekini (kıyameti) yalanlamak ister. **6**: «Kıyamet günü ne zamanmış?» diye sorar. **7-9**: İşte, göz kamaştığı, ay tutulduğu, güneşle ay biraraya getirildiği zaman! **10**: O gün insan, «Kaçacak yer neresi!» diyecektir. **11**: Hayır, hayır! (Kaçıp) sığınacak yer yoktur! **12**: O gün varıp durulacak yer, sadece Rabbinin huzurudur. **13**: O gün insana, ileri götürdüğü ve geri bıraktığı ne varsa bildirilir. **14**: Artık insan, kendi kendinin şahididir. **15**: İsterse özürlerini sayıp döksün. **16**: (Rasûlüm!) onu (vahyi) çarçabuk almak için dilini kımıldatma. **17**: Şüphesiz onu, toplamak (senin kalbine yerleştirmek) ve onu okutmak bize aittir. **18**: O halde, biz onu okuduğumuz zaman, sen onun okunuşunu takip et. **19**: Sonra şüphen olmasın ki, onu açıklamak da bize aittir. **20-21**: Hayır! Doğrusu siz, çarçabuk geçeni (dünya hayatını ve nimetlerini) seviyor, ahireti bırakıyorsunuz. **22**: Yüzler vardır ki, o gün ışıl

ışıl parıldayacaktır. 23: Rablerine bakacaklardır (O'nu göreceklerdir). 24: Yüzler de vardır ki, o gün buruşacaktır; 25: Kendilerinin, bel kemiklerini kıran bir felâkete uğratılacağını sezeceklerdir. 26: Artık gözünüzü açın! Ne zaman ki can köprücük kemiğine dayanır, 27: «Tedavi edebilecek kimdir?» denir. 28: (Can çekişen) bunun gerçek bir ayrılış olduğunu anlar. 29: Ve bacak bacağa dolaşır. 30: İşte o gün sevkedilecek yer, sadece Rabbinin huzurudur. 31: İşte o, (Peygamber'in getirdiğini) doğru kabul etmemiş, namaz da kılmamıştı. 32: Aksine yalan saymış ve yüz çevirmişti. 33: Sonra da çalım sata sata yürüyerek kendi ehline (taraftarlarına) gitmişti. 34: Lâyıktır (o azap) sana, lâyık! 35: Evet, lâyıktır sana (o azap) lâyık! 36: İnsan, kendisinin başıboş bırakılacağını mı sanır! 37: O, (döl yatağına) akıtılan meninin içinden bir nutfe (sperm) değil miydi? 38: Sonra bu, alaka (aşılanmış yumurta) olmuş, derken Allah onu (insan biçiminde) yaratıp şekillendirmişti. 39: Ondan da iki eşi, yani erkek ve dişiyi var etmişti. 40: Peki (bunları yapan) Allah'ın, ölüleri tekrar diriltmeye gücü yetmez mi?"

{Kıyamet, 1-40}

◊ ONALTINCI PENCERE ◊

□ **ONALTINCI MESELE:** Yine benzer şekilde, Kaf suresinin 41. ayetinin;

$$\text{وَاسْتَمِعْ يَوْمَ يُنَادِ الْمُنَادِ مِنْ مَكَانٍ قَرِيبٍ}$$

"Bir çağırıcının yakın bir yerde çağıracağı güne kulak ver."

{Kaf, 41}

makam-ı cifrisi sondaki tenvinler birer nun (50) sayılmak şartıyla, **Hicri 1437** veya **Miladi 2017** tarihini verdiği gibi, yine bir sonraki ayette geçen;

$$\text{يَوْمَ يَسْمَعُونَ الصَّيْحَةَ بِالْحَقِّ ذٰلِكَ يَوْمُ الْخُرُوجِ}$$

"O gün (bütün halk) o hak sayhayı işiteceklerdir. İşte bu (Kabirlerden) çıkış gününün (veya Kıyametin ilan edilmesi)'dir."

{Kaf, 42}

cümlesinin makam-ı cifrisi dahi, şeddeki sad ve kaf birer sayılmak şartıyla, yine yukarıdaki elde ettiğimiz tarihe yakın bir tarih olan, **Hicri 1440** ve **Miladi 2020** tarihini vererek Hz. Mehdi'nin Kıyameti ilan etme tarihine ve o kuvvetli sayhanın ve ilanâtın ayn-ı tarihine remzen işaret ettiği gibi; ayette geçen "الصَّيْحَةَ بِالْحَقِّ" **"Gerçeğin seslenişi, çağrısı"** anlamında bir kelimeyle yine bu ilanâta işaret ederek, "**Bir çağırıcının yakın bir yerden çağıracağı güne**" veya "**Kıyamet gününün ilan edilmesi**"ne dalalet ederek Kıyametin ilan ve isbat edilmesine hizmet eden hak bir hakikat ve sesleniş olan Kıyamet gerçekliği'nin neşr ve ilan edilmesi dönemine remzen işaret eder. Eğer, şeddeli sad ve kaf ikişer sayılsa, bu kez de **Hicri 1630** veya **Miladi 2204** tarihini vererek kabirlerdeki ölülerin diriltilmesinin İsrâfil AS. tarafından ilân edilmesi tarihine remzen ve dalaleten işaret ederek, Haşri ve Yeniden diriliş hakikatini kuvvetli bir Sayha ile Sur-misal gaybî tehditlerle, işaretlerle ve beyanâtlarla açıkça ilân eder.

◊ ONYEDİNCİ PENCERE ◊

☐ **ONYEDİNCİ MESELE:** Yine Kamer suresinin 1. ayetinin;

$$اِقْتَرَبَتِ السَّاعَةُ وَانْشَقَّ الْقَمَرُ$$

"Kıyamet yaklaştı ve ay yarıldı."

{Kamer, 1}

makam-ı cifrisi şeddeli kaf ve sin birer sayılmak şartıyla, **Miladi 2098** tarihini vererek bu tarihte büyük kıyametin bir işareti olarak ayda oluşacak derin bir yarığa işaret ettiği gibi; 4. ve 5. ayetlerinde geçen;

$$وَلَقَدْ جَاءَهُمْ مِنَ الْأَنْبَاءِ مَا فِيهِ$$

$$مُزْدَجَرٌ حِكْمَةٌ بَالِغَةٌ$$

"And olsun ki, onları (Kıyametin geleceğini inkar eden inkarcıları) vazgeçirecek öyle Haberler gelmiştir ki, bu Haberler zirveye ulaşmış (Kuvvetli bir belâgat ve ilmî isbat içeren) birer Hikmettir."

{Kamer, 4-5}

cümlesinin makam-ı cifrisi; ayette bahsedilen "**Kıyamet Haberleri**" ve işaretleriyle, Kıyamet Gerçekliği eserlerinin büyük bir hikmet içeren ve birer "**Hikmet-ullahi-l Baliğa**" olan çoğu geleceğe yönelik gaybi haberler şeklindeki parçalarına, sondaki tenvinler birer nun (50) sayılmak şartıyla **Miladi 2017** tarihini vererek; burada geçen "لِأَنْبَاءٍ" "**Haberler**" anlamında makam-ı cifrisi **76** değerini veren bir kelimeyle işaret ederek, bu haberleri ilan ve isbat eden ve 14. asırda Kur'an-ı Hakim'den çıkmış parlak bir nur olan Kıyamet Gerçekliği'ne ve Müellifine remzen ve dalaleten sarâhat derecesinde işaret eder. Ayrıca burada geçen "**Hikmetun Bâliğatun**" "**Eksiksiz bir Bilgelik, Hikmet**" ifadesi, bahsedilen bu haberlerin sadece tarihlerden ibaret olmayıp; bununla birlikte, tüm hikmet içeren fen bilimlerini daha önceki manevi Kur'ân tefsirlerinde görülmemiş bir tarzda içerisinde barındıran geniş bir Hikmet eserleri serisi olduğuna işaret eder ki, gerçekten de Kıyamet Gerçekliği eserleri geniş çaplı ve felsefeden kaynaklanan hikmet meselelerini ve yaratılış konularını tahkiki bir şekilde pozitif bilimler yardımıyla çözerek aklî ve mantıkî çözümler getiren geniş bir hikmet eserleri serisidir. Fakat ayet, bu "Hikmetullahil Baliğa"nın anlamını ve içeriğini devamında gelen ifadelerde fazla açmayıp, mücmel bırakmış. Ayrıca bir sonraki ayette, bu uyarıların inkarcılara bir fayda vermediğini ve inkarcıların adetlerine ve inançlarına devam ettiğini tarih-i kadimden günümüze kadar uzanan ibretli bir tablo şeklinde, tarihin her 100 senede yenilenen her bir sayfasına, kendi manasına ve çağına uygun bir biçimde denk gelecek şekilde ibretli bir sayha ile not düşmüş:

- Rahmân ve Rahîm olan Allah'ın adıyla -

"1: Kıyamet yaklaştı ve ay yarıldı. 2: Onlar bir mucize görürlerse hemen yüz çevirirler ve: Eskiden beri devam edegelen bir büyüdür, derler. 3: Yalanladılar ve kendi heveslerine uydular. Halbuki her işin ulaşacağı yeri vardır. 4: Andolsun onlara, kötülükten önleyecek nice önemli haberler gelmiştir. 5: Bu büyük bir hikmettir. Fakat (yüz çevirene) uyarılar ne fayda verir! 6: Çağıranın görülmemiş bir şeye çağırdığı gün, sen de onlardan yüz çevir. 7-8: Sanki etrafa yayılmış çekirge sürüsü gibi bakışları perişan (utançtan yere bakar) bir halde ve dâvetçiye koşarak kabirlerden çıkarlar. O esnada kâfirler: Bu, çok çetin bir gündür! derler. 9: Onlardan önce Nuh'un kavmi de yalanladı, hem de kulumuzun yalancı olduğunda ısrar ederek: O, delirdi, dediler. Ve (Nuh, davetten vazgeçmeye) zorlandı. 10: Bunun üzerine, Rabbine: Ben yenik düştüm, bana yardım et! diyerek yalvardı. 11: Biz de derhal nehir gibi devamlı akan bir su ile göğün kapılarını açtık. 12: Yeryüzünde kaynaklar fışkırttık. (Her iki) su, takdir edilmiş bir işin olması için birleşmişti. 13: Nuh'u da tahtalardan yapılmış, çivilerle çakılmış gemiye bindirdik. 14: İnkâr edilmiş olana (Nuh'a) bir mükâfat olmak üzere gemi, gözlerimizin önünde akıp gidiyordu. 15: Andolsun ki onu bir ibret olarak bıraktık, ibret alan yok mudur? 16: Benim azabım ve uyarılarım nasılmış! 17: Andolsun biz Kur'an'ı öğüt alınsın diye kolaylaştırdık. (Ondan) öğüt alan yok mu? 18: Âd kavmi (Peygamberleri Hûd'u) yalanladı da azabım ve tehdidim nasılmış (gördüler). 19: Biz onların üstüne, uğursuzluğu devamlı bir günde dondurucu bir rüzgâr gönderdik. 20: O rüzgâr, insanları, sökülmüş hurma kütükleri gibi yere seriyordu. 21: Nasılmış benim azabım ve uyarılarım! 22: Andolsun biz Kur'an'ı düşünüp öğüt alınsın diye kolaylaştırdık. Öğüt alan yok mu? 23: Semûd kavmi de uyarıcıları yalanladı. 24: «Aramızdan bir beşere mi uyacağız? O takdirde biz apaçık bir sapıklık ve çılgınlık etmiş oluruz» dediler. 25: «Vahiy, aramızda ona mı verildi? Hayır o, yalancı ve şımarığın biridir» (dediler.) 26: Yarın onlar, yalancı ve şımarığın kim olduğunu bileceklerdir. 27: Gerçekten onları imtihan etmek için dişi deveyi gönderen biziz. Sen onları gözetle ve sabret. 28: Onlara, suyun aralarında paylaştırıldığını haber ver. Her biri kendi içme sırasında gelsin. 29: Arkadaşlarını çağırdılar, o da (bundan cür'et alarak) kılıcını kaptı ve deveyi kesti. 30: (Bu azgınlara) azabım ve uyarılarım nasıl oldu! 31: Biz onların üzerlerine korkunç bir ses gönderdik. Hemen hayvan ağılına konan kuru ot gibi oluverdiler. 32: Andolsun biz Kur'an'ı, anlaşılıp öğüt alınması için kolaylaştırdık. O halde düşünüp öğüt alan yok mu? 33: Lût'un kavmi de uyarıcı peygamberleri yalanladı. 34-35: Biz de üstlerine taş (yağdıran bir fırtına) gönderdik. Ancak Lût ailesi müstesna, katımızdan bir nimet olarak onları seher vaktinde kurtardık. Biz şükredeni işte böyle mükâfatlandırırız. 36: Andolsun ki, Lût onları bizim şiddetli azabımızla uyardı. Fakat onlar bu tehditleri kuşkuyla karşıladılar. 37: Onlar Lût'un misafirlerine karşı kötülük yapmayı planlamışlardı. Hemen biz onların gözlerini silme kör ettik. «Haydi azabımı ve uyarılarımı tadın!» (dedik). 38: Bir sabah kendilerine, yakalarını bir daha bırakmayacak olan bir azap gelip çattı. 39: İşte azabımı ve uyarılarımı tadın! (denildi). 40: Andolsun biz Kur'an'ı, öğüt almak için kolaylaştırdık. O halde düşünüp ibret alan yok mu? 41: Şüphesiz Firavun'un kavmine de uyarıcılar gelmişti. 42: Lâkin onlar bütün âyetlerimizi yalanladılar. Biz de onları güç ve kudretimize lâyık bir şekilde yakaladık. 43: Şimdi sizin kâfirleriniz, onlardan daha mı iyidirler? Yoksa kitaplarda sizin için bir berât mı var? 44: Yoksa «Biz, intikam almağa gücü yeten bir topluluğuz» mu diyorlar? 45: O topluluk yakında bozulacak ve onlar arkalarını dönüp kaçacaklardır. 46: Bilakis kıyamet onlara vâdedilen asıl saattir ve o saat daha belâlı ve daha acıdır. 47: Şüphesiz suçlular sapıklık ve çılgınlık içindedirler. 48: O gün yüzüstü ateşe sürüklendiklerinde «Cehennemin elemini tadın!» denir. 49: Biz, her şeyi bir ölçüye göre yarattık. 50: Bizim buyruğumuz, bir anlık bakış gibi, bir tek sözden başka bir şey değildir. 51: Andolsun biz, sizin benzerlerinizi hep helâk ettik. Düşünüp ibret alan yok mu? 52: Yaptıkları her şey kitaplarda (amel defterlerinde) mevcuttur. 53: Küçük büyük her şey satır satır yazılmıştır. 54-55: Takvâ sahipleri cennetlerde ve ırmakların kenarlarında, güçlü ve Yüce Allah'ın huzurunda hak meclisindedirler."

{Kamer, 1-55}

◊ ONSEKİZİNCİ PENCERE ◊

☐ **ONSEKİZİNCİ MESELE:** Yine Kıyamet sürecinden ve Haşirden detaylı bir şekilde bahseden Nebe suresinin ilk iki ayetinde geçen;

$$عَمَّ يَتَسَاءَلُونَ عَنِ النَّبَإِ الْعَظِيمِ$$

"Neyi soruşturuyorlar? O müthiş Yeniden dirilme (Kıyamet) Haberini mi?"

{Nebe, 1-2}

ayetlerinin makam-ı cifrisi **Miladi 2013** tarihini vererek, ayette **"Büyük Haber"** olarak geçen ifadeyle işaret edilen **"Kıyamet Gerçekliği"**nin neşr ve ilan edilmesiyle bu büyük kıyamet haberinin habercisi olan bir eserin ilk önemli parçalarının ortaya çıkışına ve 14. asrın başındaki müellifinin zuhurunun asıl başlangıç zamanı olan **2012-2013** tarihlerini göstererek, Kıyametin gelmeyeceğine ve Haşre inanmayanları kuvvetli bir tarzda ihtar ederek ve harika bir tarzda işaret ederek Kıyamet ve Haşirden remzen haber verir ve surenin sonundaki şiddetli tehditlerle, inkarcıların o günle karşılaşmaktansa toprak olmayı tercih edeceklerinden bahseder:

- Rahmân ve Rahîm olan Allah'ın adıyla -

"1: Birbirlerine neyi soruyorlar? 2-3: (İnanıp inanmamakta) ayrılığa düştükleri büyük haberi mi? 4: Hayır! Anlayacaklar! 5: Yine hayır! Onlar anlayacaklar! 6-7: Biz yeryüzünü bir döşek, dağları da birer kazık yapmadık mı? 8: Sizi çifter çifter yarattık. 9: Uykunuzu bir dinlenme kıldık. 10: Geceyi bir örtü yaptık. 11: Gündüzü de çalışıp kazanma zamanı kıldık. 12: Üstünüzde yedi kat sağlam göğü bina ettik. 13: (Orada) alev alev yanan bir kandil yarattık. 14-16: Size tohumlar, bitkiler, (ağaçları) sarmaş dolaş olmuş bağlar bahçeler yetiştirmek için üstüste yığılıp sıkışan bulutlardan şarıl şarıl akan sular indirdik. 17: Şüphesiz hüküm günü vakit olarak belirlenmiştir. 18: Sûr'a üflendiği gün, bölük bölük Allah'a gelirsiniz; 19: Gökyüzü açılır ve orada pek çok kapılar oluşur; 20: Dağlar yürütülür, serap haline gelir. 21-22: Şüphesiz, azgınların barınağı olacak cehennem pusuda beklemektedir. 23-26: (Azgınlar) orada çağlar boyu kalırlar, orada bir serinlik ya da (susuzluk gideren) bir içecek tatmazlar, ancak (dünyada yaptıklarına) uygun karşılık olarak kaynar su ve irin tadarlar. 27: Çünkü onlar hesap gününü (geleceğini) ummazlardı. 28: Bizim âyetlerimizi yalanladıkça yalanlamışlardı. 29: Biz ise her şeyi bir kitapta sayıp yazmışızdır. 30: Tadın! Bundan sonra yalnızca azabınızı arttıracağız. 31-34: Şüphesiz takvâ sahipleri için umulanı buldukları yer, bahçeler, üzüm bağları, göğüsleri tomurcuk gibi kabarmış yaşıt kızlar, içki dolu kâseler vardır. 35: Onlar orada ne boş bir lâkırdı ne de yalan işitirler. 36: Bunlar Rabbinin yeterli bir bağışı, mükâfatıdır. 37: O, göklerin, yerin ve ikisi arasında bulunanların Rabbidir. O, rahmândır. O gün insanlar O'na karşı konuşmaya yetkili değillerdir. 38: Ruh (Cebrail) ve melekler saf saf olup durduğu gün, Rahmân'ın izin verdiklerinden başkaları konuşmazlar; konuşan da doğruyu söyler. 39: İşte o, kesin olarak gelecek gündür. O halde dileyen Rabbine varan bir yol tutsun. 40: Biz, yakın bir azap ile sizi uyardık. O gün kişi önceden yaptıklarına bakacak ve inkârcı kişi: «Keşke toprak olsaydım!» diyecektir."

{Nebe, 1-40}

◊ ONDOKUZUNCU PENCERE ◊

☐ **ONDOKUZUNCU MESELE:** Yine Kehf suresinde geçen bazı ayetler de Kıyamet Gerçekliğine bakar. Örneğin, ilk dört ayetlerinde geçen;

اَلْحَمْدُ لِلّٰهِ الَّذى اَنْزَلَ عَلٰى عَبْدِهِ الْكِتَابَ وَلَمْ يَجْعَلْ لَهُ عِوَجًا

قَيِّمًا لِيُنْذِرَ بَأْسًا شَدِيدًا مِنْ لَدُنْهُ وَيُبَشِّرَ الْمُؤْمِنِينَ الَّذِينَ يَعْمَلُونَ الصَّالِحَاتِ اَنَّ لَهُمْ اَجْرًا حَسَنًا

مَاكِثِينَ فِيهِ اَبَدًا

وَيُنْذِرَ الَّذِينَ قَالُوا اتَّخَذَ اللّٰهُ وَلَدًا

"(1-2) Hamd, kuluna Kitab'ı indiren ve onda hiçbir eğrilik bulunmayan Allah'a mahsustur. (3-4) Allah (onu), katından gelecek şiddetli bir azap ile (inkarcıları) uyarmak, salih ameller işleyen mü'minleri, içlerinde ebedî olarak kalacakları güzel bir mükâfat (cennet) ile müjdelemek ve "Allah, bir çocuk edindi" diyenleri (ehl-i kitabı) de uyarmak için dosdoğru bir kitap kıldı."

{Kehf, 1-4}

ayetlerden 1. ayetin;

اَلْحَمْدُ لِلّٰهِ الَّذى اَنْزَلَ عَلٰى عَبْدِهِ الْكِتَابَ وَلَمْ يَجْعَلْ لَهُ عِوَجًا

"Hamd, hiçbir delilik bulunmayan kuluna Kitab'ı indiren ve onda hiçbir eğrilik bulunmayan Allah'a mahsustur."

{Kehf, 1}

makam-ı cifrisi, şeddeli lamlar birer ve sondaki tenvin bir nun (50) sayılmak şartıyla, **Miladi 1976** tarihini vererek, Kurân-ı Hakîm'in semavî suhuflarından 14. asırda nuzûl eden ve bu asırdaki manevi tefsiri ve temsilcisi olan bir eserin müellifinin veladet tarihine, "عَبْدِ" **"Kuluna"** lafzıyla makam-ı cifrisi **"76"** olarak işaret ettiği gibi; burada geçen "اَلْكِتَابَ" **"Yazılmış Kitaplar"** ifadesinin (**Kitâbe**) şeklinde üstünlü kullanılmasıyla, parça parça kitapçıklar şeklinde yazılmış Kıyamet gerçekliği eserlerine de remzen ve dalaleten sarahat derecesinde açık bir şekilde miladi tarih vererek kuvvetli bir şekilde işaret eder.

Hem, bir sonraki ayette bu ayeti te'kid ederek inanmayan münkirleri **"Ey akılsızlar esas siz delisiniz, aklınızı kaybetmişsiniz!"** diyerek manen uyarır ve şiddetli bir ceza ile ikaz eder.

◊ YİRMİNCİ PENCERE ◊

☐ **YİRMİNCİ MESELE:** Yine Kehf suresinin 2. ayetininde geçen;

$$\text{قَيِّمًا لِيُنْذِرَ بَأْسًا شَدِيدًا مِنْ لَدُنْهُ}$$

"Allah katında belirlenmiş olan sağlamlaştırılmış kesin ve şiddetli bir günün (Kıyametin) cezası konusunda uyarmak için.."

{Kehf, 2}

cümlesinin makam-ı cifrisi, şeddeli ya iki ya (20) ve sondaki tenvinler te'kidli ifade içerdiği için ikişer nun (100) ve ceza kelimesindeki vakıf durumundaki düşen hemze (1) olarak sayılmamak şartıyla, cifir değeri **Miladi 2012** tarihini vererek bu tarihte gelecek olan kesin ve şiddetli bir ceza konusunda uyarır ve aynı zamanda bir önceki ayete de bakarak burada işaret edilen ve **"Kitabe"** olarak geçen yazılı eserlerin bu ceza konusunda yaptığı uyarılara da manen kuvvetli bir şekilde işaret eder.

◊ YİRMİBİRİNCİ PENCERE ◊

☐ **YİRMİBİRİNCİ MESELE:** Yine Kehf suresinin 3. ayetininde geçen;

$$\text{مَاكِثِينَ فِيهِ أَبَدًا}$$

"**Orada (Cehennemde) Ebediyyen (temelli olarak) kalacaklardır.**"

{Kehf, 3}

ifadesiyle Deccal'a ve Nefsi'ne tabi olanların Cehennem'e atılacağına işaret ederek; makam-ı cifrisi tüm harfler ikişer sayılmak şartıyla, **Hicri 1448** veya **Miladi 2028** yaparak Cehennem ehline ve önemli bir taifesine hâfien, gizli olarak işaret eder. Aynı zamanda Cennet ehlinin önemli bir taifesine de işaret ederek, ahir zamanda sırat-ı müstakimde giden nurani bir cemaate de hâfien, gizli olarak işaret eder. Eğer, sondaki tenvin bir nun (50) sayılsa, bu kez makam-ı cifrisi **Hicri 1548** veya **Miladi 2126** yaparak yine Cehennem ehlinin önemli bir taifesi ile istikamet doğrultusunda giden son bir Cemaat-i İslamiyenin son dönemlerine harika bir tarzda hâfien işaret eder. Eğer, tenvin iki nun (100) sayılsa, bu kez de makam-ı cifrisi **Hicri 1648** veya **Miladi 2222** tarihini vererek ebedi olan Ahiret hayatının başlangıcı ile Cennet ve Cehennem ehlinin Son Akibetine gaybi bir surette zamanın Üç Tabakasına ve Üçer Cemaatine Üç Basamak halinde baktığı gibi; aynı zamanda Büyük Kıyamet'in gizli tarihinden de Üç

Aşama halinde hâfi bir şekilde haber vererek; Cehennem ehlini uyarıp ikaz ettiği gibi, Cennet ehlini de saadet-i Ebediye ile müjdeler..

◊ YİRMİİKİNCİ PENCERE ◊

☐ **YİRMİİKİNCİ MESELE:** Yine Kehf suresinin 4. ayetininde geçen;

$$وَيُنْذِرَ الَّذِينَ قَالُوا اتَّخَذَ اللَّهُ وَلَدًا$$

"Ve, Allah bir çocuk edindi diyenleri uyarmak için.."

{Kehf, 4}

cümlesinin makam-ı cifrisi, şeddeli lam iki lam (60), Allah lafz-ı celili (66) ve sondaki dal-ı atıf (4) sayılmak şartıyla; **Miladi 2036** tarihini vererek, hem Hz. İsa'nın ikinci gelişiyle Ehl-i kitabı Teslis inancı ve Allah'ın çocuk edinmesi konusunda hak dine ve hakiki İsevi dinine davet etmesi ve Hristiyanlığın Hz. İsa'nın gelişiyle özüne dönmeye başlamasına ve İslamiyetle birleşmesine ve hem de 1. ayette bahsedilen eserlerin, yani Kıyamet gerçekliği eserlerindeki önemli bir kısım parçaların (İşaratu-l İseviyye gibi) manevi alanda uyarılar yaparak tüm dünya çapında tesirini göstermesi ve Fütuhâtına başlamasına kuvvetli bir tarzda işaret eder. Ayrıca bu ayette, İslamiyetin İsevi dininin özüyle birleşmeye ve Hak dinin güç kazanmaya başladığı dönemlerin başlangıcına da işaret eder. Dolayısıyla, Kehf suresinin ilk dört ayeti, Hz. Mehdi'nin gelişi ve Müceddidlik görevine başlaması döneminden başlayarak; Hz. İsa'nın İkinci Gelişi dönemine kadar olan önemli bir kısım olayları, zamanın dar bir çekmecesinden dört ana zaman dilimine ayırarak harika bir tarzda aktardığı gibi; ta

Ahirzamanın sonuna, yani Kıyamete kadar olan bir kısım önemli olayları da, zamanın geniş penceresinden üç kanada açarak, ayetlerdeki ifadeler çok kısa olmasına rağmen tafsilatlı bir şekilde bildirir ve mu'cizevi bir tarzda beyan eder..

◊ YİRMİÜÇÜNCÜ PENCERE ◊

□ **YİRMİÜÇÜNCÜ MESELE:** Zuhruf suresinin 61. ayetidir ki;

وَاِنَّهُ لَعِلْمٌ لِلسَّاعَةِ فَلَا تَمْتَرُنَّ بِهَا وَاتَّبِعُونِ هٰذَا صِرَاطٌ مُسْتَقِيمٌ

"**Şüphesiz ki O (Hz. İsa), saat (Kıyamet) için (onun yaklaştığını gösteren) bir bilgidir. Sakın O'nda şüpheye düşmeyin.**"

{Zuhruf, 61}

Bu ayet, Hz. İsa'nın İkinci Gelişini;

وَاِنَّهُ لَعِلْمٌ لِلسَّاعَةِ فَلَا تَمْتَرُنَّ بِهَا

cümlesiyle açıkça bildirir ki, bu ifadenin makam-ı cifrisi; şeddeli nunlar ve sin birer, saat kelimesinin sonundaki yuvarlak te (ة) ta (ت) olarak (400) ve sondaki düşen vav-ı atıf (6) sayılmak şartıyla, **Miladi 2038** tarihini vererek Hz. İsa'nın gelişini müjdeleyerek Kehf suresinin 4. ayetine baktığı gibi, yine ona yakın bir tarihi vererek ikinci gelişinin hemen akabinde ehl-i kitabı imana davet etmesinin ayn-ı tarihine harika bir tarzda işaret eder. Ayrıca, ayetin devamında, "**Hz. İsa'nın ikinci gelişi konusunda şüpheye düşmeyin**" diye manen uyararak onun öncüsü olan bu eserlerdeki haberleri kuvvetlendirir.

Yine ilginçtir ki, hemen arkasından gelen 63. ayette geçen;

$$\text{جَاءَ عِيسَى بِالْبَيِّنَاتِ قَالَ قَدْ جِئْتُكُمْ بِالْحِكْمَةِ}$$

"**Ve İsa, açık göstergeler getirdiğinde, demişti ki: "Size bilgelikle geldim!"** "

{Zuhruf, 63}

cümlesinin makam-ı cifrisi, şeddeli ya bir ya (10) sayılmak şartıyla **Hicri 1456** veya **Miladi 2036** tarihini vererek, Hz. İsa'nın Allah katından almış olduğu açıklayıcı ve isbat edici belgelerle (Beyyinât) ve ilahi bir hikmet, yani kuvvetli bir anlayış, ilim ve kavrayış gücüyle gökler aleminden **33** yaşında olarak ikinci kez gelişini ilan ve isbat ettiği gibi; bu ayetten sonra gelen ifadelerde bu konuda şüpheye düşülmemesinden yeniden bahsederek, Hz. İsa'nın ikinci gelişinden sonraki dönemi kapsayan icraatlarından ve aynen yaklaşık 2000 yıl önceki konuşmasından bahsettiği gibi 2000 yıl sonraki ikinci gelişinde de ehl-i kitapla konuşmasına da manen işaret ederek, Allah katında 2 günlük bir süre alan 2000 yıllık bir tekellümü aynı ifade içerisinde zamanın süzgecinden geçirerek harika bir tarzda icmalen işaret ve beyan eder.

Yine Hz. İsa'nın ikinci gelişini bildiren bir başka ayet de, Nisa suresinin 159. ayetidir ki, bu ayette geçen;

وَاِنْ مِنْ اَهْلِ الْكِتَابِ اِلاّ لَيُؤْمِنَنَّ بِهِ قَبْلَ مَوْتِهِ وَيَوْمَ الْقِيٰمَةِ يَكُونُ عَلَيْهِمْ شَهِيدًا

"Ehl-i Kitaptan her biri, ölümünden önce O'na (Hz. İsa) muhakkak iman edecektir. Kıyamet gününde de O onlara şahit olacaktır!"

{Nisa, 159}

وَاِنْ مِنْ اَهْلِ الْكِتَابِ لَيُؤْمِنَنَّ بِهِ قَبْلَ مَوْتِهِ

"Ehl-i kitaptan her biri, ölümünden önce O'na muhakkak iman edecektir.."

cümlesinin makam-ı cifrisi, şeddeli nun iki nun (100) sayılmak şartıyla; **Hicri 1458** veya **Miladi 2038** tarihini verir ki, bu tarih de daha önceki elde edilen Hz. İsa'nın ehl-i kitabı imana davet etmesi tarihini bildiren Zuhruf suresi 61. ayetinin cifirsel değerine tam tevafuk ederek manayı iki kat kuvvetlendirip te'kid ederek; tüm ehl-i kitabın Hz. İsa'nın açık olarak gelişiyle ve anlaşılmasıyla birlikte, Hz. İsa'nın din-i hakikisi olan İseviliğe tabi olmasını ve İslamiyetin kuvvet bulmasını mu'cizevi bir tarzda remzen ve dalaleten açık bir şekilde bildirir..

◊ YİRMİDÖRDÜNCÜ PENCERE ◊

☐ **YİRMİDÖRDÜNCÜ MESELE:** Büyük Kıyamet alametlerinin gerçekleşmesi, **30-33'**er senelik zaman dilimleriyle olur. Bu 33 senelik zaman dilimleri, özel olarak ayarlanmış olup ilahi bir hikmete binaen kıyamet alametlerinin ardı ardına gerçekleşmesi için ilahi bir programa göre düzenlenmiştir. Örneğin, Hz. Mehdi'nin gelişi ile Zuhuru arasında 33 sene; Hz. Mehdi'nin Zuhuru ile Hz. İsa'nın İkinci Gelişi arasında 33 sene; Hz. İsa'nın İkinci Gelişi ile Güneşin Batıdan Doğması arasında 33 sene; Güneşin Batıdan Doğması ile Gökyüzünden Gelen Işığın (Atmosferin) Kararması arasında 33 sene; Atmosferin Kararması ile Yıldızların Işığının Azalması arasında 33 sene; Yıldızların Kararmasıyla İnsanlığın Sonu arasında 33 sene; İnsanlığın Sonuyla Denizlerin Yükselmesi ve tüm dünyanın sular altında kalması arasında 33 sene; Dünyanın Suyla Kaplanması ile Denizlerin tamamen kuruması ve Atmosferin ortadan kalkması arasında 33 sene ve yine Atmosferin ortadan kalkmasıyla Büyük Kıyamet demek olan Sur'a Birinci kez Üfürülmesi arasında da 33 senelik bir zaman dilimi vardır. Bu arada, aklımıza bu kadar kısa zaman aralıklarında bunca olay nasıl gerçekleşir diye bir soru gelebilir. Fakat bunun mantıklı bir açıklaması vardır, şöyle ki: Zaman ilerledikçe hadislerde bildirildiği gibi zaman kısalacak, yani göreceli olarak zamanın akış hızında ve halihazırda bir sureti hissedilen olayların ardı ardına gerçekleşme hızında büyük bir ivme ve artış olacağı için, bu durum muhal veya akla uzak bir mesele değildir..

◊ YİRMİBEŞİNCİ PENCERE ◊

☐ **YİRMİBEŞİNCİ MESELE:** Büyük kıyamet sürecinde gerçekleşecek olan bir kısım hadisâtı bildirir ki, Furkan-ı Hakim bu hadisâtın bir kısmına detaylı olarak işaret ettiği gibi, bir kısmını da aşağıda verilen bir kısım ayetler gibi, mücmel olarak bırakmış. Şimdi, bu ayetlerden ahir zamandaki önemli hadisâta bakan bir kısmını ÜÇER İŞARET altındaki ÜÇ NOKTA halinde inceleyeceğiz.

BİRİNCİ İŞARET

Zelzele (Zil-Zal) suresinde yer alan bu işaretlerden;

BİRİNCİ NOKTA: Zelzele suresinin ilk iki ayetidir ki;

$$\text{اِذَا زُلْزِلَتِ الْاَرْضُ زِلْزَالَهَا}$$

$$\text{وَاَخْرَجَتِ الْاَرْضُ اَثْقَالَهَا}$$

> "Yer, o (son) müthiş sarsıntı ile sarsıldığında ve üzerindeki yükleri çıkarıp dışarı attığında."

{Zil-Zal, 1-2}

birinci ayette geçen;

$$\text{اِذَا زُلْزِلَتِ الْأَرْضُ}$$

"Yer, son kez sarsıldığı zaman."

cümlesinin makam-ı cifrisi **Miladi 2208** yaparak; yerin sarsıntıya başlamasıyla beraber bir sonraki ayette bahsedilen **"Üzerindeki yüklerin çıkartılması"**, yani Kabirlerdeki ölülerin diriltilmesine hazırlık yapmak için aynen bir canlı mahluk gibi Cenab-ı haktan kendisine gelen vahyi alarak emr-i rabbani ile titremeye başlamasına ve Haşir meydanı için hazırlanmaya başlamasına işaret eder. Aynı zamanda, bu surenin sıra numarası **"99"** olarak makam-ı cifrisi Kıyamet sürecinin başlangıcı ve yerin vahiy almaya ve büyük bir depremle birlikte kabir-misal cesetlerin yerin altındaki enkazlardan çıkartılmaya başladığı dönem olan 1999 yılından haber verdiği gibi; ta Ahir zamanın sonundaki Büyük Kıyametten ve ölmüş ruhanilerin yeniden diriltilmesinden de harika ve mu'cizevi bir tarzda haber verir.

◊ YİRMİALTINCI PENCERE ◊

☐ **YİRMİALTINCI MESELE:** Yine Zil-Zal suresinin ikinci ayetinde geçen;

$$وَاَخْرَجَتِ الْأَرْضُ اَثْقَالَهَا$$

"Yer, üzerindeki yükleri (Kabirlerdeki ölüleri) çıkarıp dışarı çıkartıp attığında."

{Zil-Zal, 2}

İKİNCİ NOKTA:

$$وَاَخْرَجَتِ الْأَرْضُ اَثْقَالَهَا$$

"Yer, üzerindeki yükleri (Kabirlerdeki ölüleri) çıkarıp dışarı çıkartıp attığında."

{Zil-Zal, 2}

$$اَخْرَجَتِ الْأَرْضُ$$

"Yer (Yüklerini, Kabirlerdeki ölüleri) dışarı çıkartmaya başladığında."

cümlesinin makam-ı cifrisi, Lam harf-i tarifi geneli ifade ettiği için sayılmasa ve iki ayeti bağlayan vav-ı illet sayılmasa **Miladi 2206** yaparak; yerin sarsıntıya başlamasıyla beraber bir önceki ayette bahsedilen hadisatın başlangıç tarihine bakarak; "**Üzerindeki yüklerin çıkartılmaya başlanması**", yani Kabirlerdeki ölülerin diriltilmesi sürecinin emr-i ilahi ile başlatılmasına işaret eder. Eğer baştaki vav-ı illet de dahil edilse, bu kez **Miladi 2212** yaparak, kabirlerdeki ölülerin diriltilme sürecinin sonuna işaret ederek, aynen ahiret alemlerine ve menzillerine giden bir vagon gibi yerin yüklerini boşaltma devresinin sonuna işaret ettiği gibi; Eğer, bir sonraki ayetin vav-ı illeti de dahil edilse, **Miladi 2218** yaparak **2206** ila **2212** tarihleri arasındaki yolcularını bu duraklardan alıp **2212** ila **2218** tarihleri arasındaki Haşir meydanına boşaltmasına harika ve mu'cizevi bir tarzda işaret eder.

◊ YİRMİYEDİNCİ PENCERE ◊

☐ YİRMİYEDİNCİ MESELE: Yine Zil-Zal suresinin altıncı ayetinde geçen;

$$\text{يَوْمَئِذٍ يَصْدُرُ النَّاسُ اَشْتَاتًا لِيُرَوْا اَعْمَالَهُمْ}$$

"O gün insanlar, amellerinin kendilerine gösterilmesi için bölük bölük kabirlerinden çıkartılacaklardır."

{Zil-Zal, 6}

ÜÇÜNCÜ NOKTA:

$$\text{يَوْمَئِذٍ يَصْدُرُ النَّاسُ لِيُرَوْا اَعْمَالَهُمْ}$$

"O gün insanlar, amellerinin kendilerine gösterilmesi için kabirlerinden çıkartılırlar."

cümlesinin makam-ı cifrisi, şeddeli nun bir nun (50) sayılmak şartıyla, **Hicri 1637** veya **Miladi 2212**[haşiye] yaparak ve bir önceki noktada ele aldığımız 2. ayette verilen tarihi aynen te'yid ederek kabirlerinden çıkan insanların, Allah'ın huzurunda sorguya çekilmesi ve Son Yargı için tabur-misal bölükler halinde ayrı ayrı sevkedilmelerine işaret eder.

^{Haşiye}Burada önemli bir noktayı belirtmek gerekir ki, yaptığımız cifirsel hesaplamalardaki verilen tarihler, dünya hayatının sonuna işaret eden 2222 tarihine kadardır. Dolayısıyla, Kur'an'da 2222 tarihinden sonra ahiret hayatını ilgilendiren bazı cifirsel sonuçlar da bulunur fakat henüz ahiret hayatı başlamadığı ve dünya hayatı sona ermediği için bu tarihten sonraki tarihlendirmelerde süre verilmez. Çünkü, ahiret hayatı başladığında dünyevi bir zaman söz konusu değildir, yani her şey gibi orada zaman da sonsuz olduğundan herhangi bir tarih belirtmenin bir anlamı olmayacaktır. Fakat bu gibi ileri tarihleri veren ayetler, konunun bir başka noktasına dikkati çekerek, mutlak son demek olan Kıyametten sonra da bir başka ikinci hayatın devam edeceğini, hayatiyetin tamamıyla sona ermeyeceğini belirtmek ve Haşir ve daha sonrasında sorguya çekilmenin mutlaka gerçekleşeceğini belirtmek için cifirsel olarak bu tarihleri vermektedir ki, dikkat edilirse çıkan bu kronolojik tarihler birbiri ardına sıralanan belirli bir sistematik zaman dilimleri içerisinde gerçekleşir. Bununla birlikte, örneğin cifri olarak 2250 şeklinde ortaya çıkan bir tarihin anlattığı olay, mutlaka ahiret hayatında gerçekleşen bir zaman dilimini kapsayacağı için bu çıkan çok ileri tarihler daha önce 2222 tarihine kadar gerçekleşecek olan olayların hepsinin tamamlanma tarihlerinden sonra geldikleri için gayel makul ve mantıklıdır ve Ku'ran-ın bir başka cifirsel mu'cizesini gösterirler. Çünkü, böyle bir durumda Dünya hayatı bitmeden ve Kıyamet gelmeden önceki bir tarihi vermiş olsaydı, örneğin, kabirlerdeki ölülerin diriltilmesiyle bu cifirsel tarihler sona erseydi, ahiret hayatının gelmesine ilişkin zihinlerde bir soru işareti kalırdı ki, Kur'an'ın metodu bu değildir. O, dünya hayatındaki her olaydan haber verdiği gibi; elbette ondan çok daha önemli olan ahiretten daha çok haber verir fakat burada konu gaybi olduğu için **"gerçekleşeceğine inanın!"** der, kesin tarih vermez, sadece işaret eder.

◊ YİRMİSEKİZİNCİ PENCERE ◊

☐ **YİRMİSEKİZİNCİ MESELE:** Adiyât ve Vâkı'a surelerindeki üç gaybî işarettir ki;

İKİNCİ İŞARET

Adiyât suresinde yer alan bu işaretlerden;

BİRİNCİ NOKTA: Adiyât suresinin 9. ayetidir ki;

اَفَلَا يَعْلَمُ اِذَا بُعْثِرَ مَا فِى الْقُبُورِ

"Öyleyse, bilmiyor musun? Kabirlerdekilerin alt üst edileceğini.."

{Adiyât, 9}

ayetinin makam-ı cifrisi, **Miladi 2206** tarihini verir ki, bu tarih yerin sarsıntıya başlaması tarihi olan **2208** tarihinden önce ona vahyedilerek kabirler ölülerin diriltileceğinin ve dışarı çıkartılacağının bildirilmesine kuvvetli bir işarettir ki, bulduğumuz bu tarihin cifirsel değerinin daha önceki bir tarihi vermesi ve tam bir kronoloji ortaya koyması elbette ki, Kur'an bahrinin sinesinden çıkarttığı mu'cizevi definelerden, inci ve mercanlardan birisidir.

◊ YİRMİDOKUZUNCU PENCERE ◊

☐ **YİRMİDOKUZUNCU MESELE**: Vâkı'a suresinin 4. ayetindeki bir gaybî işaretti ki;

İKİNCİ NOKTA: Vâkı'a suresinin 4. ayetinde;

اِذَا رُجَّتِ الْأَرْضُ رَجًّا

"Yer dehşetli bir sarsılışla sarsıldığı zaman.."

{Vâkı'a, 4}

"رُجَّتِ الْأَرْضُ" "Yer sarsıldıkça sarsılacak" ifadesinin makam-ı cifrisi, şeddeli cim iki cim (6) sayılmak şartıyla, **Hicri 1638** veya **Miladi 2212** tarihini vererek yerin sarsıntısının daha da şiddetlenmesine işaret eder. Eğer şeddeli cim bir cim (3) sayılsa bu kez de **Hicri 1635** veya **Miladi 2209** yaparak aynen Zil-Zal suresinin birinci ayetindeki yerin sarsıntıya başlaması tarihi olan 2208 tarihine remzen işaret ederek bir farkla tevafuk eder ki, bu bulduğumuz tarihlerde yerin sarsıntısının giderek artacağına harika ve mu'cizevi bir tarzda kuvvetli bir işarettir.

◊ OTUZUNCU PENCERE ◊

☐ **OTUZUNCU MESELE:** Vâkı'a suresinin 5-6. ayetlerindeki bir gaybî işaretti ki;

ÜÇÜNCÜ NOKTA: Vâkı'a suresinin 5 ve 6. ayetlerinde;

وَبُسَّتِ الْجِبَالُ بَسًّا فَكَانَتْ هَبَاءً مُنْبَثًّا

"**Dağlar ufalandıkça ufalanacağı ve toz dumana dönüşeceği zaman..**"

{Vâkı'a, 5-6}

"كَانَتْ هَبَاءً مُنْبَثًّا" "**Dağlar toza dumana dönüşeceği zaman**" ifadesinin makam-ı cifrisi, şeddeli se iki se (1000) ve ayetin sonundaki tenvin bir nun (50) sayılmak şartıyla **Hicri 1623** veya **Miladi 2197** yaparak dağların sarsıntılarla beraber unufak edileceğine ve toza dumana dönüşerek tüm yeryüzünün hadislerde bildirilen tam bir küre haline gelinceye kadar parçalanıp etrafa dağıtılacağına harika bir ihbar-ı gaybi ve kuvvetli bir işarettir.

◊ OTUZBİRİNCİ PENCERE ◊

☐ **OTUZBİRİNCİ MESELE:** Kâria ve Asr surelerindeki üç gaybî işaretti ki;

ÜÇÜNCÜ İŞARET

Kâria suresinin ilk 5 ayetinde yer alan bu işaretlerden;

BİRİNCİ NOKTA: Kâria suresinin 1-3. ayetleridir ki;

اَلْقَارِعَةُ مَا الْقَارِعَةُ وَمَا اَدْرٰيكَ مَا الْقَارِعَةُ

"Vuruş! Nedir vuruş! Ve kim söyleyecek sana, vuruşun ne olduğunu?"

{Kâria, 1-3}

ayetlerinin makam-ı cifrisi, **Hicri 1585** veya **Miladi 2160** tarihini verir ki, bu tarihte gökyüzünden gelecek olan ve insanlığı yok edecek olan büyük bir göktaşına ve insanlığın son yeryüzündeki son dönemlerine harika ve mu'cizevi bir tarzda remzen ve dalaleten işaret ederek zaman takılmış boncuk taneleri gibi aktar-ı semavattaki dünyanın yörüngesine takılmış büyük bir gökcismini gayb lisanıyla kör olanlara dahi gösterir ve manen iyice yoldan çıkmış ve sapıtmış insanlığa ders vererek der ki: "*Madem gücünüz yetiyorsa ve iktidarınız varsa, haydi benim gönderdiğim şu gökcismini ve gelecek felaketi durdurun veya iptal edin!*" diyerek, inkarcıların ve onların Kıyametin ve Dünyanın sonunun gelmeyeceğini iddia ettikleri Materyalist felsefelerine bu ayetlerle şiddetli birer tokat vurur.

◊ OTUZİKİNCİ PENCERE ◊

☐ **OTUZİKİNCİ MESELE:** Kâria suresinin 4 ve 5. ayetleridir ki;

İKİNCİ NOKTA: Kâria suresinin 4-5. ayetlerinde;

يَوْمَ يَكُونُ النَّاسُ كَالْفَرَاشِ الْمَبْثُوثِ

وَتَكُونُ الْجِبَالُ كَالْعِهْنِ الْمَنْفُوشِ

"**O gün insanlar saçılmış kelebekler gibi olacaklardır ve dağlar da taranmış yün gibi..**"

{Kâria, 4-5}

ayetlerinin makam-ı cifrisi, yine aynı şekilde **Hicri 1585** veya **Miladi 2160** tarihini verir ki, tekrar elde ettiğimiz bu tarih iki kere tekrarlandığı için kuvvetli te'kidi ifade eder ve insanlık tarihinin son dönemini, yani İnsanlığın Büyük Kıyametini bildirir. Ayette geçen, "**dağların taranmış yün gibi olması**" ve "**insanların kelebekler gibi saçılması**" gayet ma'kul bir şekilde şöyle açıklanabilir ki: "*Gökyüzünden gelen büyük bir Göktaşının Dünyaya şiddetli bir şekilde çarpması sonrasında, dünyanın bilinen yörüngesindeki dengesi bozulur, iklimler değişir veya kısa sürecek bir buzul çağı başlar ki, bunun sonucunda atmosferin güneş ışığını geçirme oranı çok azalır ve* *dünyadaki yaşam ışık olmadığı zaman kısa sürede sona erer ve atmosferin koşullarının bozulmasıyla asit yağmurları başlar ki, havayı zehirleyerek tüm canlıların ölümüne neden olduğu gibi, dağlarda da yağmur şeklinde yağarak taranmış yün gibi yol ve izler bırakır"* diye hatıra geldi. Dolayısıyla, buradan açıkça anlıyoruz ki, ümmet-i muhammediyenin ve imanı olanların bu tarihleri görmeleri mümkün olmadığına göre, gökyüzünden gelen bu göktaşının neden olduğu bu son felaketle (aynen yaklaşık 12.000 yıl önce cinlerin de benzer biçimde sapıtması ve tamamıyla küfr-ü mutlaka düşmeleri sebebiyle gökyüzünden gelen dev bir göktaşıyla yok edilmeleri gibidir ki, tarih-i kadim bahr-i atlas-ı kamusta -Atlas okyanusu- bu neviden devasa bir göktaşının açmış olduğu 100 km çapındaki dev bir krateri keşfetmiştir. İşte Platon'un da Timeas ve Critias dörtlüklerinde bahsettiği gizemli Atlantis ve İnka medeniyetlerini yok eden gökyüzünden gelen o felaketler cinlerin, o büyük felaket öncesinde bir araya toplandığı yerler olan Meksika ve Orta Afrika körfezleri açıklarındaki iki devasa denizaltı çukuruna işaret eder..) insanlığın kıyameti, yani kafir olanların ölümü de böylece gerçekleşmiş olur. Dolayısıyla, buradan anlaşılıyor ki; *"imanı olan ve İslamiyet için mücahede eden bir grup mü'min cemaat bu tarihlerden yaklaşık yarım asır, yani **50** yıl kadar önce **Hicri 1550** civarında kıyametin dehşetini görmemek için gökyüzünden gelecek olan bir dumandan bahseden Duhan-11 ayetinin makam-ı cifrisi olan 2091 tarihinden itibaren bu zehirli dumanla birlikte 20-30 yıl içerisinde vefat ettirilirler ve inançlı mü'minlerin bu büyük felaketi yaşamaları biiznillah önlenmiş olur"* diye hatıra geldi. Dolayısıyla, elde ettiğimiz tüm bu tevafuklarla ayetlerin uyumlu olması ve olayların tarih içerisindeki akış sırasına göre kronolojik bir sıra izlemeleri elbette ki, Kur'an-ı Hakim'in ahir zamana bakan bir diğer mu'cizesini gösterir.

◊ OTUZÜÇÜNCÜ PENCERE ◊

☐ **OTUZÜÇÜNCÜ MESELE:** Asr (zaman) suresinin 1-3. ayetleridir ki;

ÜÇÜNCÜ NOKTA: Asr suresi, zamanın hakikatini bildirdiği ve zamanın çok tabakalarına baktığı gibi, büyük kıyametten de bahseder ve haber verir;

وَالْعَصْرِ اِنَّ الْاِنْسَانَ لَفِى خُسْرٍ
اِلَّا الَّذِينَ اٰمَنُوا وَعَمِلُوا الصَّالِحَاتِ وَتَوَاصَوْا بِالْحَقِّ
وَتَوَاصَوْا بِالصَّبْرِ

"And olsun zamana! Evet, insan kesin bir kayıp içerisindedir. Yalnız, iman edip birbirlerine hakkı ve sabrı tavsiye edenler müstesna.."

{Asr, 1-3}

"وَالْعَصْرِ اِنَّ الْاِنْسَانَ لَفِى خُسْرٍ" "And olsun zamana! Evet, insan kesin bir kayıp içerisindedir!" ifadesinin makam-ı cifrisi, şeddeli nun bir nun (50) sayılmak şartıyla **Hicri 1621** veya **Miladi 2195** tarihini verir ki, büyük kıyamete duçar olup kayıp içerisinde olan ve Cehenneme giden büyük bir taife-i insaniyenin akibetlerine işaret ettiği gibi, hemen arkasından gelen ayette; " وَتَوَاصَوْا بِالْحَقِّ "وَتَوَاصَوْا بِالصَّبْرِ **"Birbirlerine hakkı ve sabrı tavsiye edenler!"** ifadesinin makam-ı cifrisi, şeddeli kaf ve sad ikişer sayılmak şartıyla **1676** yaparak bu büyük felaketten hariç tutulan ve ahirete sevkedilen o kabir ehli içerisinde tesmiye edilen azınlıkta olan Cennet ehline, o sıkıntılı son dönem içerisinde iman edip Salih amellerde bulunmalarının mükafatı olarak hayırlı akibetlerine harika ve mu'cizevi bir tarzda remzen işaret eder. Eğer şeddeli kaf bir kaf (100) sayılsa, makam-ı cifrisi **1576** yaparak yine ahir zamanın sonundaki azınlıkta olan bir grup mü'min Cemaate ve Cennet ehline işaret eder. Eğer, şeddeli kaf ve sad birer, vav-ı atıflar ikişer kez tekrar ettiği için ikişer sayılsa; bu kez de makam-ı cifrisi **1476** yaparak Kıyametten önceki diğer bir Cennet ehli olan Cemaat-i nuraniyeye işaret ederek; ahir zamanın üç tabakasındaki Cemaat-i İslamiyenin üç nurlu tabakasını gayb lisanıyla harika bir tarzda remzen gösterir...

AHİR ZAMANA VE KIYAMETE 33'ER YIL ARAYLA AÇILAN 33 ADET PENCEREDİR

Bundan Bir zaman önce –şimdi 10 yılı geçmiş-, bundan 1-2 asır önce gelmiş –şimdi 100-200 yılı geçmiş- ve kendilerinin zamanının müceddidi olduğu tüm ehl-i tahkik tarafından tasdik edilen zatların eserlerini ve tarihçe-i hayatlarını inceledim. Daha sonra gördüm ki, 20-30 cihetle 100'er senelik farklarla bu tarihlerin birçoğu kendi tarihçe-i hayatımın birçok önemli noktalarında tam tevafuk ediyor. Gerçi, ilk zamanlar bu sırlı ve gaybi meseleyi açmak belki birçoğu tesadüf olabilir diye incelemek istememiştim. Fakat bir zaman sonra, bu basit sandığım tesadüflerin zaman geçtikçe ve detaylarına inildikçe tesadüften çok tevafuk ettiğini ve tam 100'er senelik farklarla kendi tarihçe-i hayatımdaki dönüm noktalarına işaret ettiğini fark ettim. Bütün bunlar birleştikçe kuvvetlenmeye başladı ve bu kez tevafuk olarak düşündüğüm bu kıyaslamalar tevafuktan remiz, işaret ve hatta dalalet noktasına yükseldiler. Şimdi, 33 adet Hakikatten oluşan bu kısımda bu tevafukâttan önemli bir kısmını 33 adet pencere halinde gayb lisanıyla ve cifir ilmiyle göstermeye çalışacağım. Bu sonuçlar, icbar değil; belki birer iz'an, ikrar veya tahkik oldukları için bir kısmı şüpheyle karşılanabilir olsa da; Kur'an hakikatlerine ve iman-ı tahkikiye bakan yönlerde Kur'anın 14. asırdaki bir parıltısını ve hizmetçisini acizâne işaret edip gösterdiğinden anlayışla karşılanacağını zan ve istirhâm ederim. Eğer kusur işlemiş ve yanıldıysam da, Cenâb-ı haktan affımı niyâz ve tazarru ederim. Bu yüzden, Lisan-ı gaybe ait bu mühim hakikat parçalarından ahir zamana bakan bir kısmını basitçe ve avam Lisanıyla izah ve ifade edeceğim. Kim isterse istifade edebilir..

◊ OTUZDÖRDÜNCÜ PENCERE ◊

☐ **BİRİNCİ HAKİKAT:** Hâdim-ül Kur'anın 12. asırdaki temsilcisi olan **Zülcenâheyn Hz. Mevlanâ Halid-i Bağdâdî'nin (Kuddise Sirru**h) tarihçe-i hayatını anlatan mühim bir eser, **1999** yılı Temmuz-Ağustos aylarında **Süleymaniye** kütüphanesinde araştırma yaparken tesadüfen elime geçti. Eserin baş tarafında Arapça büyük harflerle yazılmış şöyle bir ibare yer alıyordu:

إنَّ اللَّهَ يَبْعَثُ لِهَذِهِ الأُمَّةِ عَلَى رَأْسِ
كُلِّ مِائَةِ سَنَةٍ مَنْ يُجَدِّدُ لَهَا دِينَهَا

"Allah, bu ümmete her yüz senede bir; Dinini yenilemek için, bir Müceddidi gönderiyor."

Hadis-i şerifine mazhar olan, Mevlanâ Vâris-i Muhammedî, Kâmil-ut Tarikât-ul Âliyyeti ve-l Müceddidiyyeti Halid-i Zülcenâheyn (K.S.)

Daha sonra, baştaki bu ibarenin ne anlama geldiğini çok merak ettiğimden, Müellifin tarihçe-i hayatını inceledim ve ilk etapta kendisi hakkında bir bilgim olmadığından ve baş taraftaki hadis çok dikkatimi çektiğinden hayatını incelemeye başladım. Doğum tarihi **Hicri 1193** olarak veriliyordu ve daha sonraki kısımlarda ise, **1224** tarihinde Hindistan'a gittiği ve Târik-ı Nakşî silsilesine dahil olup, daha sonra 2 sene burada hakiki bir ilim ve manevi mücahedâtının temelini oluşturan tahsilini yaptıktan sonra Bağdat'a geldiğinde **1226** tarihinde

Envâr-ı Kur'âniyeyi bugünkü Irak'ın Süleymaniye kasabasında tüm ulemanın ve zamanının ilmi seviyesinin üzerinde olarak neşretmeye başlıyordu. Daha sonra, bu tarihlerin miladi olarak kaç yılına denk geldiğini hesapladığımda, sırasıyla **1776** ve **1824** ila **1826** tarihleri çıktı. Bu sonuçlar, Müellife karşı bende daha fazla bir merak ve iştiyak uyandırdı ki, bu zatın hayatını ve eserlerini o dönemlerde uzun bir süre inceledim fakat yine de aklıma takılan pek çok soru vardı. Örneğin, neden **100** senede bir bir Müceddid geliyordu, müceddid kimdi ve görevi neydi? İslam alimi ne demekti veya 100 senede bir din neden yenilenmek zorundaydı? gibi vesaire.. sorular kafamı ciddi bir şekilde kurcalamaya başlamıştı ki, o sıralarda bende dine karşı ve özellikle de bağnaz ve cehalet içerisindeki pek çok dini tutumun etrafımı sardığı bir dönemde ciddi bir iştiyak ve araştırma temayülü doğdu. İlginçtir ki, bundan kısa bir süre sonra üniversiteyi bitirmek üzere olduğum dönem olan 1999 yılının bitmekte olduğu ve artık yeni bir asıra girilen o sonbahar-kış döneminde hayatımı değiştirecek önemli bir olay daha yaşadım ki bu ikincisi bende daha derin bir şok etkisi yaratmıştı. Şöyle ki, bu dini araştırma temayülü içerisindeyken bir gün fakülte çıkışında yakın bir arkadaşım bir kağıt parçası üzerine yazılı bir adreste bir sohbet düzenlediklerini söyleyerek, benim de katılmamı tavsiye ederek ısrarla davet etti. Çok ısrar ettiği için ve hatırını kırmamak için bu davetini kabul ettim. Derken, sohbet yerine gittik. Herkes, yere halka şeklinde oturmuş bir halde, elinde kırmızı kaplı bir kitaptaki dini meseleleri ders veren genç bir arkadaşı dikkatle dinliyordu. Kitaptan verdiği örnekler, oldukça dikkat çekici ve ilk etapta ikna ediciydi. Her neyse.. Sohbetin devamında bir çay ve yanında da bir parça kurabiye ikram edilerek herkese teşekkür etti ve hediye olarak gelenlere küçük bir kitapçık hediye edildi. Kitapçığın üzerinde garip bir kıyafetle fotoğrafı çekilmiş olan yaşlıca bir adam uzaktan heybetli bakışlarla sanki bana doğru bakıyordu. Küçük bir cep kitapçığı olan bu kitabın kapağı, henüz içerisini açmadığım halde beni oldukça etkilemişti. İçerisindeki sayfanın başında ise, **"Risale-i Nur**

Külliyatından Küçük Sözler" "Müellifi **Bediüzzaman Said Nursi"** başlığı altında oldukça etkileyici ve dini içeriği geniş olan kısa hikayelerden oluşan parça parça yazılar yer alıyordu. İşte, bu küçük cep kitapçığı, daha o zamanlar kendisini tanımadığım **13. asrın Müceddidi** olan **Said-i Nursi** ve eserleri olan **Risale-i Nur**'la tanıştığım ilk eser oldu. Bediüzzaman ismini sadece ismen çok uzun bir zaman önce, gittiğim bir kitap fuarında duymuştum fakat nedendir bilemem o gün o kitap ve müellifinin garip resmi bende yeni bir iştiyak uyandırdı ve yeni bir merak arayışı içerisine daha sürüklenmeme neden oldu ki, o zamanlardaki bu arayışım ve bu küçük eser beni tamamen değiştirdi. Artık, bambaşka bir murad olmuştum, hatta insanlara ve kainata bakışım bile değişmişti ki, işte tarihçe-i hayatımın ikinci kısmını oluşturan **"Yeni, yani İkinci Murad"** devrinin o yılın sonun başlamış olduğunu anladım. Birkaç gün boyunca dersleri bir kenara bırakıp o küçük kitabı ve kitabın sonunda müelliften bahseden tarihçe-i hayatını inceledim ki, bu sırada bende ikinci bir hayret ve uyanış dönemi başladı. Bu öyle bir şekilde gerçekleşti ki, adeta önüme arka arkaya dizilmiş bir şekilde hakikate açılan yeni yeni kapılar açılıyordu ve mühim bir davetçi beni içeriye davet ediyordu. Bunun üzerine, müellifin tarihçe-i hayatını da içeren eserlerin tamamını kitabın üzerindeki adreste yazılı olan yayınevine giderek satın aldım. O günlerde bu kitaplar o kadar yaygın değildi ve sadece birkaç yayınevi dağıtımını yapıyordu. Yayınevine girdiğimde ise, daha çok şaşırdım. İçerideki bir grup görevli beni kapıda karşıladılar ve *"Hoş geldin!"* dediler. Fakat öyle bir hoş geldin dediler ki, sanki kendimi başka bir dünyada veya yeni bir İslam Medresesine yeni bir adım atacak şekilde buldum. Daha sonra kitapları getiren genç görevli, ikindi namazını kılıp kılmadığımı sorunca *"Hayır efendim, Henüz kılmadım!"* dedim ve bunun üzerine *"Öyleyse, Buyur öne geç, namazı sen kıldır!"* deyince daha çok şaşırdım, çünkü benden çok daha yaşlıca duran pek çok ağabey denilebilecek kişiler vardı. Her neyse.. Uzun bir süre bu kitapları defalarca okudum, fakat ilginçtir içeriği sanki bana hitab ediyordu, manevi olarak bana ders veriyordu ki, o zamanlar bu eserlerin üniversitede aldığım ilmi seviyenin bile çok üzerinde olduklarını fark etmiştim. Müellifin tarihçe-i hayatını incelediğimde ise, ikinci bir şok daha geçirdim, çünkü tarihçe-i hayatındaki önemli noktalar, örneğin doğum tarihinin **Hicri 1293** veya **Miladi 1876** olması veya o günkü Yıldız sarayında bulunan Osmanlı payitahtına girmesi tarihi olan **1324 (1924)** veya manevi mücadelesine başlama tarihi olarak geçen **1326 (1926)** gibi tarihlerin hemen hemen tamamı tam 100 senelik bir farkla Halid-i Bağdadi ile tevafuk içerisinde olduğu görülüyordu. Bu arada, *"Cenab-ı hak her yüz senede bir dinini yenilemek için bir müceddidi gönderiyor!"* hadisi aklımın bir köşesine kazınmış gibi duruyordu. Daha sonraki yıllarda ise, üniversiteyi bitirip Yıldız üniversitesinde fen bilimleri enstitüsünde pozitif bilimlerin diğer sahalarıyla birlikte Kur'an aleyhinde çıkmaya başlayan batı kaynaklı bir su-i kasd planını ünlü bir dergide okuduğum (*o dergi The Time isimli dergi ve yazı da içerisinde İslam dünyası ve geri kalma nedenleriyle ilgili bir yazıydı*) ve bununla ilgili teorilerin antitezlerini oluşturacak bir eserler serisi hazırlamayı düşündüğüm 2004'lü yıllarda bu tarihçe-i hayatların ikisini de karşılaştırarak, bazı noktalarda kendi hayatımla tam 100 senelik farklarla kesiştiğini hayretle gördüm: Şöyle ki; Toplam 20-30 madde tutan bu tavafukâttan önemli bir kısmını gösteren BEŞ NOKTA'dır:

Birincisi Nokta: Her iki üstadımın da doğum tarihleri olan 1193 (miladi 1776) ve 1293 (miladi 1876) tam olarak miladi seneye göre 100 senelik bir farkla benim doğum tarihim olan 1396 (miladi 1976) yılına tevafuk ediyordu.

İkincisi Nokta: Saltanat-ı payitahtlarına girme ve manevi mücadelelerine başlama tarihleri olan 1224 (miladi 1804) ve 1324 (miladi 1904) yine tam 100 senelik bir farkla benim manevi mücadeleme başladığım tarih olan 1424 (miladi 2004) yılına tevafuk ediyordu.

Üçüncüsü Nokta: Manevi mücadele ile birlikte eser te'lif etmeye başladıkları tarihler olan 1226 (miladi 1806) ve 1326 (miladi 1906) tarihleri de yine benim eserlerim olan Kıyamet Gerçekliği'ni te'lif etmeye başladığım yıl olan 1426 (miladi 2006) yılına tam 100 senelik bir farklarla harika bir tarzda tevafuk ediyordu.

Dördüncü Nokta: Her ikisinin de yaşları 20'ye girmeden bütün ulamâ-i ilmi tedris etmeye yakın ilzam ettiklerini gördüm. Aynı şekilde, kendi tarihçe-i hayatıma baktığımda da 19 yaşımda 2 senelik bir gecikme ile girdiğim Türkiye'de ve İslâm aleminde yakın tarihe kadar önemli bir yeri olan mühim bir üniversitede ders veren hocaları ilmen ilzam etmeye yakın bir seviyede görünmem ve fakülte içerisinde şöhret bularak tanınmam ve hem de bir önceki asrın müceddidi olan Said-i Nursi'nin de aynı ilmi merkezde o günkü Yıldız sarayında padişah II. Abdulhamit'in karşısına çıkarak yine 100 sene evvelki yaklaşık aynı tarihlerde (*1906-1911 tarihleri arasında ilginçtir ki, üstadın manevi mücadelesinde başlamasından sonra, o kurum sanki tebdil ederek bir sonraki asrın müceddidine zemin hazırlamak için 1911 yılında Yıldız darülfünununa dönüştürüldü ki, daha sonradan kanaatim geldi ki, birçok üniversite arasında bu üniversiteyi kazanmam dahi tesadüf olmayıp bu tevafukâtın 14. asırdaki mühim bir sonucudur.*) manevi mücadelesine başlaması aklıma gelerek yine tam bir tevafuk olduğu kanaatine vardım.

Beşinci Nokta: Ayrıca, geçmiş tarihçe-i hayatımdaki bazı noktaların da yine benzer tevafukâtlar içerdiğini gördüm ki, bunlardan Üstad Said-i Nursi'nin tarihçe-i hayatıyla benzeşen önemli bir kısmını aşağıdaki tablo ile veriyorum:

MUHAKEMÂT
(KARŞILAŞTIRMALAR)

(100'er sene farkla gerçekleşen önemli bir kısım tevafukattır)[haşiye]

ÜSTAD SAİD NURSİ (1876-1960)	KISACA TARİHÇE-İ HAYATIM (1976-?)
İsmi: سعيد نورسي (9)	İsmi: مراد اخراي (9)
Ebced değeri: **750**	Ebced değeri: **1476**
Doğum Tarihi: Hicri **1293**, Miladi **1876**	Doğum Tarihi: Hicri **1396**, Miladi **1976** (**17 Ağustos**)
Doğum Yeri: **Bitlis**'in, **Hizan** kazasına bağlı **İsparit** nahiyesindeki **Nurs köyü**'nde **Isparta**'dan göç etmiş bir ailenin çocuğu olarak doğdu.	Doğum Yeri: **İstanbul**'un, **Fatih** ilçesine bağlı **Süleymaniye semti**'nde **Kafkasya**'dan göç etmiş bir ailenin tek çocuğu olarak doğdu.
Anne İsmi: **Nuriye**	Anne İsmi: **Aynur**
Baba İsmi: **Mirza**	Baba İsmi: **Muzaffer**
Baba Mesleği: **Çiftçi, Rençber**	Baba Mesleği: **Çiftçi, Marangoz**
Soyadında, (**NUR**), Ziya, Işık, Parlama anlamları var. Yani **13. asırda** kendi kendine ilmini tahsil eder, **nurlanmaya ve aydınlanmaya başlar** anlamı var. Ayrıca bu isimde,	Soyadında, (**AHİR**), Zamanın sonu, Dünyanın kıyametten önceki son dönemleri ve evresi (**ALTINÇAĞ**) anlamları var. Yani **14. asırda** kendi kendine ilmini tahsil eder,

Elektrik ve **ampulün** icadı ile **Risale-i Nur**'un ortaya çıkışının işaretleri var.	nurlanır; **nurunu tamamlar ve sona erer** anlamı var. Ayrıca bu isimde, **Elektronik** çağ, **Bilgisayar** ve **İnternetin** icadı ile **Kıyamet Gerçekliği**'nin ortaya çıkışının işaretleri var.
Büyük Eseri: **Risale-i Nur Külliyatı** {رسالت النور}	Büyük Eseri: **Kıyamet Gerçekliği Külliyatı** {قىيآمة گەرچەكليغي}
Ebced değeri: **999**	Ebced değeri: **1476**
Eserin te'lif edilmeye başlandığı tarihler: Miladi **1906-1911** Çağın önemli meselelerine çözüm getirmek için yazılan küçük risaleler şeklindeki eserler.	Eserin te'lif edilmeye başlandığı tarihler: Miladi **2006-2011** Çağın önemli meselelerine ve problemlerine çözüm getirmek için yazılan parça parça küçük kitapçıklar şeklindeki eserler.
Eserlerin başlangıcı ve mukaddimesini oluşturan eser: **İşaratu-l İ'caz (1908)** Anlamı: **Mucizeye İşaretler**, yani ileride yazılacak olan ve Kur'an'ın	Eserlerin başlangıcı ve mukaddimesini oluşturan eser: **İşaratu-l İseviyye (2008)** Anlamı: **İsevilik İşaretleri**, yani ileride gelecek olan ve

mucizevi bir kitap olduğunu isbatlayacak ve Kur'an'ın edebi, ilmi ve pozitif bilimler yönünden üstün bir kitap olduğunu müjdeleyecek olan geniş eserler bütünü.	Kur'an'ın mucizevi bir kitap olduğunu isbatlayacak olan Hz. İsa'nın müjdeleyicisi olan geniş eserler bütünü.
İlk tahsiline başladığı tarih:	İlk tahsiline başladığı tarih:
Hicri **1300**, Miladi **1883**	Hicri **1403**, Miladi **1983**
Medresede tartışıp ve sorulan her suale doğru cevap verdiği için bunu kıskanan talebelerle kavga ettiği tarih: Hicri **1306**, Miladi **1889**	İlköğrenimi sırasında tartıştığı ve talebelerle kavga ettiği tarih (Bu da, aynen 100 senelik bir farkla vuku bulmuştur ki, o da şöyle olmuştur kısaca anlatayım: İlkokul 5. sınıfa geldiğinde **12** yaşında iken ilmen zekası birdenbire parlamış ve o yıl yaz tatilinde **3 ay** gibi kısa bir süre içerisinde inzivaya çekilip, az bir kaynaktan tahsil ettiği ilim ile sınıftaki bütün talebeleri, hoca da dahil ilzam edip, kendisine yöneltilen tüm pozitif bilim dallarına ait (**astronomi, coğrafya, edebiyat, tarih** ve **genel kültür** üzerine) suallerin cevaplarını, yaşından beklenmeyecek bir tarzda cevap vererek açıklamış ve bu duruma hayret eden okul müdürü tarafından üst üste verilen takdir belgeleriyle, daha önce ortalaması düşük bir öğrenci iken taltif edilip, okul birinciliğine ve sınıf

	başkanlığına yükselmiştir. Bunu kıskanan bir grup öğrenci ise (ilginçtir ki, yine onlar da doğu kökenli olup, memleketleri üstadın yakın çevresindeki illerden olan arkadaşlardır), bu durumu kıskanıp üzerine hücum etmişlerdir. Bu arada, o arkadaşlara bir selam göndereyim (*isimlerini vermedim bana gücenip kırılmasınlar, şimdilik onlara hakkımı helal ettim!*).
	Hicri **1409**, Miladi **1989**
Kur'an ilimleri ve ilk Arabi ilimlerin tahsiline başlangıç tarihi:	Kur'an ilimleri ve ilk Arabi ilimlerin tahsiline başlangıç tarihi:
Hicri **1309**, Miladi **1892**	Hicri **1412**, Miladi **1992**
İlk ilmi tahsiline başladığı sıradaki hocasının ismi ve ders aldığı dönemler:	İlk ilmi tahsiline başladığı sıradaki hocasının ismi ve ders aldığı dönemler:
Molla Muhammed EMİN Efendi	**Mehmet EMİN Hoca Efendi**
Miladi (**1883-1886**)	Miladi (**1983-1986**)
İlk ciddi ilmi tahsiline başladığı tarih: **1891** **Erzurum**'un **Doğubayazıt** kazasında **Şeyh Mehmet Celali Efendi** medresesine geldi. Buradaki 3 aylık eğitimi, hayatının en önemli	İlk ciddi ilmi tahsiline başladığı tarih: **1991** **İstanbul**'un **Bayazıt** semtinde, **M. Fethullah Gülen Hoca Efendi** tarafından türkiyede ilk defa kurulmaya başlayan **Fırat**

129

tahsilinin temelini oluşturdu.	**Kültür Merkezindeki (FEM)** dersanede ilk ciddi ilmi tahsiline ait eğitiminin temelini oluşturacak çalışmalara başladı. Tahsil hayatında çok önemli bir yeri olan **Risale-i Nur**'la ilk kez burada tanıştı.
Alimler münazara yapmak ve ilmi tartışmalara katılmak için **Cizre** ve **Siirt**'e gitti. Burada pek çok alimi ilzam etti. Miladi **1895**	Üniversiteye (**Darülfünun**) girdi. Derslerde hocalarla, pozitif bilimlere ait vukufiyeti henüz çok fazla olmamasına rağmen, tartışabilecek seviyede ilmi münazaralar yapmaya başladı. Pek çok ilmi meselede, pek çok talebenin cesaret bile edemediği bir dönemde, batıdaki örneklerine alternatif olabilecek seviyede islami çözüm önerileri sundu (özellikle matematik, fizik, kimya, biyoloji, felsefe, iletişim, sosyoloji ve kendi branşı olan elektronik konularında).
	Miladi **1995**
Dini ilimlerin yanında Fen bilimlerini de tahsil etmeye başladı. Bu yüzen Van uleması kendisine "**Bediüzzaman**" lakabını verdi. Miladi **1897**	Ünversitede Fen bilimlerinin diğer branşlarını da incelemeye başladı. Bu alanlardaki çok hızlı ilerlemesinden ve derin ilmi meselelerde batıdaki örneklerine alternatif olabilecek (Özellikle matematik, fizik ve fizikokimya branşları ile

	sayılar teorisi, mantık, boolean cebri, Keynesian ekonomik modeli, Yapay Sinir Ağları, Kaos Teorisi ve ayrık işaret analizi, Devre Analizi, Devre Sentezi ve Elektromanyetizma kuramı ve daha pek çok kuram) pratik çözümler ve yorumlar getirebilmesinden dolayı arkadaşları ve hocaları tarafından zamanın ilmi seviyesinin çok üstünde görüldü. Aynı yıl, Matematik, Fizik ve Elektromanyetizma gibi çok az anlaşılmış ve az başarılı olunabilen derslerde, hocalar da dahil herkesi ilzam ederek, rekor notlar alıp, bu yüzden tüm fakülte tarafından tanındı ve bu yüzden arkadaşları tarafından, görünüşü yaşıtlarından çok genç durduğu için kendisine "**Genç Üstad**" lakabı verildi.
	Miladi **1997**
İlk manevi ve ilmi mücahedesine başladı. İngiliz sömürgeler bakanının bir sözü üzerine ki o söz şöyledir: "**Bu kitap, yani Kur'an Müslümanların elinde olduğu müddetçe onlara hakim olamayız. Ya onu onların elinden almalı, veya ondan**	İlk manevi mücadelesine üniversitede başladı. Batıda yayınlanan ünlü bir dergide ki, o dergi "**The Time**" dergisidir, gördüğü "**İslam ülkelerine ve Kur'an'a yönelik planlı bir organize asimilasyon hareketlerinin ve girişimlerin bazı gizli**

tamamıyla soğutmalıyız" şeklindeki röportaj yazısına hiddetlenerek "**Öyleyse ben de, Kur'an'ın sönmez ve söndürülemez manevi bir güneş olduğunu bütün dünyaya isbat edeceğim ve göstereceğim!**" demesi üzerine eserlerini yazacağı dil olan eski Türkçeyi yani Osmanlıcayı ve söz söyleme sanatı, yani belagat ilimlerini çok iyi öğrenmeye ve kullanmaya başladığı tarih: Miladi (**1898-1899**)	yürütülen bilimsel akademik çalışmalarla ve bazı bilinmeyen teorilerle (**Kaos teorisi gibi**)" başlatıldığını görür ve bu yönde oluşturulacak olan manevi bir cevap niteliğinde olan eserler bütünü hazırlanması gerektiğinin farkına varır ve bu yönde ilmi eserler oluşturmak için ilk çalışmalarına başlar. İlginçtir ki, üstad da yine aynı yerde, yani o günkü yıldız sarayında manevi mücahedesine ve ilk çalışmalarına başlamıştır. Miladi (**1998-1999**)
İstanbul'a geldi. **Fatih**'teki şekerci hanına yerleşerek burada kendisine yöneltilen tüm soruları cevapladı. Kapısına "**Her suale cevap verilir, fakat sual sorulmaz!**" şeklinde garip bir yazı astı. Bunun üzerine, onun deli olduğunu düşünen padişah II. Abdulhamid tarafından toptaşı tımarhanesine gönderildi. Fakat bediüzzamanın buradaki doktorlara verdiği karşısında hayretler içerisinde kalan heyet başkanı kendisine şöyle bir rapor tanzim eder: "**Bediüzzamanda zerre**	İstanbul'un Bayazıt ve Fatih semtleri civarındaki birçok yayınevini ziyaret etti. Kitaplarının yayınlanması konusunda birçok fikir alışverişinde bulundu. Bu sırada, yayıncıların kendisine yönelttiği, çoğu kıyamete ve ahir zamana yönelik pek çok soruya ilmi ve açıklamalı cevaplar verdi. Fakat bu münazaraları sırasında, tartışmacı bir üslup içerisine girmedi. Meselelere, teferruatta boğulmaktan hep sakındığı ve bütünü görmeyi tercih edip, genel olarak ve çok boyutlu yaklaştığı için klasik görüşte olan pek çok

kadar delilik varsa, dünyada akıllı adam yoktur!" Bunun üzerine sağlam raporu verilen üstad, II. Meşrutiyetin ilan edilmesiyle birlikte serbest kalır. Miladi (**1907-1908**)	yayınevi tarafından görüşleri kabul edilmedi. Sadece Bayazıt'taki bir yayınevi tarafından kabul edildiyse de, daha sonra bu klasik türdeki yayın fikrinden vazgeçti ve eserlerini internet ortamında neşretmeye karar verdi.
	Miladi (**2007-2008**)
Dünya genelinde evrim teorisine dayanan materyalist fikirler **Lenin**'in yazmış olduğu "**Materyalist Düşünce**" isimli eserle yükselişe geçti. O sıralarda, Osmanlıda 31 martta hükümete karşı isyan hareketi başladı. Bediüzzaman **31 mart** olayları sırasında, hükümeti ve herkesi sükunete ve soğukkanlı davranmaya davet etti. Hamallarla birlikte boykot düzenledi. İslam dünyasını birleştirmeye yönelik fikirler içeren makaleler neşretti. Ayasofyadaki ve Bayazıt talebe yurdundaki heyecanlı kalabalıkları yatıştırdı. **Reçetetu-l Avam**, **Reçetetu-l Ulema** ve **Saykal-ül İslam** isimli eserlerini neşretti.	Batı dünyasında neşredilmeye başlanan evrim teorisi destekli yaratılış karşıtı fikirler, özellikle İngiliz Biyolog **Richard Dawkins** tarafından yazılan "**Tanrı Yanılgısı**" isimli eserle yükselişe geçti. Bu dönemde, Türkiye'de ise, Hükümete karşı kapatılma davası açıldı. Bu dönemde, yazar iki ciltten oluşan "**Yaratılış Gerçekliği**" isimli eserini hazırlamaya başlayarak, yaratılış karşıtı fikirleri kendi yöntemleriyle susturacak ve aynı zamanda modern bilim ve biyolojinin geldiği son noktayı da içerecek şekilde felsefeden kaynaklanan yaratılış meselelerini astrofizik ve biyokimya bilimlerinden yararlanarak Kur'an ekseninde isbat eden önemli bir çalışmayı meydana getirdi. Bu eserlerden

Miladi **1909**	hazırladığı bir kısım makalelerini akademik ortamda neşretti.

Miladi **2009**
Haşiye: Daha burada sayamadığım pek çok tevafukât olmakla birlikte, Bu ilmi belgede zikredilen tarihlerin ve anlatılan olayların detayları (**1990** yılında başlayan Kur'an ilimleri tahsilinin aynen üstad gibi **15** sene medrese usulü modern akademik bir düzeyde sürerek **2005** yılı sonuna kadar devam ettirmesi ve onun zamanından (**1900-1904**) yaklaşık bir asır sonraki bir mesafede **2000** yılından başlayıp **2004** yılına kadar **4** yıl gibi kısa bir sürede merkezi hükümet civarındaki akademik ilmi camianın en üst seviyesine, yani fen bilimleri enstitüsüne ve ilmi araştırmalarını **tahkiki** bir surette yayınlamaya başlamasına ve aynı zamanda saltanatın hüküm sürdüğü aynı yerin payitahtına girip manevi mücadelesine başlaması gibi v.b.), üstadın **Tarihçe-i Hayat, İşarâtu-l İ'caz** ve **Sikke-i Tasdik-i Gaybi** İsimli eserlerinden alınan tarihlerle aynen uyuşmaktadır. Bunlardan birisi de, **kıyamet gerçekliği'**nin mukaddimesini ve ilk eserini oluşturan **İşarâtu-l İseviyye'**nin yazılmaya başlandığı sırada, yine yaklaşık **100** senelik bir farka tevafuk eden (**1908-2008**) aşağıdaki belgedir ki, bu ilginç belge İsevilik İşaretlerinin yazılması sırasında müellifin incelediği **Barnabas İncili'**nin Türkçe çevirisinin bir nüshası üzerine dökülen bir parça çay izinin bıraktığı işarettir. İlginçtir ki, **2006** yılının bahar aylarında Ege Bölgesindeki **Kaz Dağları'**nın muhteşem atmosferini ziyareti sırasında, zeytin tepelerinde yaklaşık **3 aylık** bir inziva halinde iken yaklaşık **30** yaşlarında manevi bir ilhamla yazmaya başladığı **Kıyamet Gerçekliği Külliyatı'**nın başlangıcı olan bu eserin giriş kısmını oluşturan ve Hz. İsa'nın ikinci gelişiyle çok önemli bir ilişkisinin olduğunu isbatlayan ve O'nun gelişini müjdelediği bir kısmında, bu resimde de açıkça görülen ve ağzını açmış bir şekilde ejderhaya benzeyen garip yaratık, müellifin inzivaya çekilerek bir nevi tecrid-i mutlak içerisine girdiği ve eserlerini

oluşturmaya başladığı döneme (**2006-2008**) denk gelir. Evet, daha sonra bu manevi işaretten anladım ki, kitap üzerinde beliren bu garip şekil, kendimi gösteriyordu ve bir nevi yalnızlık ve inziva dönemine girmemin ve ağzı açık bir şekilde bekleyen bir yaratık tarafından temsili bir surette esaret altına alınmamın, dolayısıyla bir süre, hayat-ı içtimaiyeden çekilmeye işaret ediyordu ki, aynen bu şekilde vuku bulmuştur. Ben de bu işaretin ne olduğunu anlamaya çalışırken şimdi (yaklaşık **4** yıl sonra) birden anladım ki, bunun o duruma bir işaret olduğu anlaşıldı. İlginçtir ki, Dünyada Global Ekonomik Krizi'nin başlaması ve Türkiye'de Ergenekon isimli büyük bir davanın başlaması da yine aynı döneme, yani 2008 yılı başlarına denk gelir. Tuhafdır ki, bu ilginç şekil, umumi hakikatlerin basit bir temsilcisi olmuş ve tarih sayfası üzerine küçük bir not düşmüş..

Yukarıdaki tablodan çıkarabileceğimiz iki sonuç olmalıdır:

Birincisi: Tarih belirli aralıklarla ve belli oranlarda benzeşen olaylar içerir ve tekerrür eder. Zaman ve Zemin farklı olsa da olayların ve meselelerin ilmi yönü ve mahiyeti fazla değişmez. Bunu kendi hayatımızda da hissedebiliriz.

İkincisi ise: Tarihin kesintisiz akışı içerisindeki olaylar zincirini takip ettiğimizde, geçmişimiz gelecekte meydana gelebilecek bazı olaylara ışık tutar ve zamanın akışı hakkında bize bazı bilgiler ve ipuçları verir.

Haşiye: **İşarât-ul İseviyye**'nin yazılması sırasında Barnabas İncili'nin bir nüshası üzerinde beliren garip şekil:

> Dediler: «Eğer sen Mesih veya İlya veyahut da herhangi bir peygamber değilsen, neden yeni akide vaz'eder ve kendini Mesih'ten daha çok saydırırsın?»
>
> İsa cevap verdi: «Allah'ın benim elimde meydana getirdiği mucizeler, benim Allah'ın dilediği şeyleri konuştuğumu gösteriyor, ben, hiç bir zaman, sözünü ettiğiniz kişiden kendimi daha çok saydırmıyorum da Çünkü ben, sizin «Mesih» dediğiniz, benden önce yaratılmış ve benden sonra gelecek ve inancı (dini) son bulmasın diye gerçeğin sözlerini getirecek olan Allah'ın Elçisi'nin ayakkabılarının iplerini veya çoraplarının bağlarını çözecek değerde değilim.» (**)
>
> Leviliier şaşkınlık içinde ayrılıp gittiler ve ileri gelen kâhinlere her şeyi anlattılar da, (bunlar) dediler: «Onun sırtında her şeyi kendine anlatan cini var»
>
> Sonra İsa havarilere dedi: «Bakın, size diyorum, reisler ve halkımızın büyükleri bana karşı fırsat kolluyorlar.»
>
> Sonra Petrus dedi: «Öyleyse, bir daha Kudüs'e gitmeyin.»
>
> Bunun üzerine İsa ona dedi: «Sen budalasın ve ne söylediğini bilmiyorsun. Pek çok eziyetler çekmem gerek, çünkü, bütün peygamberler ve Allah'ın kutsal (kullar) ı çekmişlerdir. Ama korkmayın, bizimle birlikte olanlar da vardır, bize karşı olanlar da.»
>
> ――――――
> muhakkak ben, benden önceki Tevrat'tan olanı doğrulayıcı ve benden sonra gelecek ismi Ahmed olan bir rasulü müjdeleyici olarak size (gönderilmiş) Allah'ın rasulüyüm.» (Kur'an-ı Kerim, Saff: 6).
> (**) İsa'nın Mesih olduğunu reddedişi, herhalde o zaman Mesih'le «Âhir-zaman Peygamberi» kastedildiği için olsa gerektir. Yoksa, Hz. İsa'ya Kur'an'da da 'Mesih' denmektedir.
>
> 116

Bu garip şekil, **Kıyamet Gerçekliği Külliyatı**'nın başlangıcı olan **İsevilik İşaretleri**'nin yazılması sırasında müellifin incelediği **Barnabas İncili**'nin Türkçe çevirisinin bir nüshası üzerine dökülen bir parça çay izinin bıraktığı işarettir. İlginçtir ki, bu resimde de açıkça görülen ve ağzını açmış bir şekilde ejderhaya benzeyen garip yaratık, müellifin inzivaya çekilerek bir nevi tecrid-i mutlak içerisine girdiği ve eserlerini oluşturmaya başladığı döneme (**2006-2008**) denk gelir..

◊ OTUZBEŞİNCİ PENCERE ◊

☐ **İKİNCİ HAKİKAT:** **Hicri 1425**, yani **2005**'li yıllara gelindiğinde ise, kısa süren manevi bir dönüşüm daha geçirdim ve yeni bir geçiş dönemi olan Üçüncü, yani asıl **Yeni murad** dönemi bu dönemin sonunda başlamış oldu. Şöyle ki, bu dönem içerisinde hızlı bir şekilde Kur'an ilimleri ve yoğun bir Arapça tahsiline başlamıştım. Bir inayet-i ilahiye olarak çok hızlı ilerliyordum. Bu sırada, felsefi meseleleri ve pozitif bilimlere ait incelemelerimi bir kenara bırakarak, Cifir ilminin derinliklerine izn-i ilahi ile vakıf oldum ve her ismin ve cümlenin bildirdiği olayın hangi tarihlere denk gelecek olduğunu cifir hesabıyla isbat eden ve böylece bu tarihlerde arabi ilimlerle birlikte asıl hakikat kaynağı olan Kur'an-ı Hakim'e ciddi bir şekilde sarılarak, hatta bu dönem içerisinde gittiğim askerlik zamanlarında dahi; Kur'an'daki gaybi müteşabih ayetlerin cifir hesabından yararlanarak Kıyameti, ahiretin varlığını ve iman-ı tahkikiye yol açan bir cadde-i kübrayı isbat eden bir eser oluşturmak için ilk ciddi araştırmalarıma başlamış oldum.

Örneğin, bu dönem içerisinde kendi iç dünyama baktığımda, kendi ismimin **MÜRÎD** ism-i azamının bir mazharı olduğunu, hayatım boyunca istediklerimi, ilmi gayretimi ve istikamet-i manevi yemi bu ism-i azamın bir parıltısı ve tecellisi sayesinde elde etmiş olduğumu ve bu ismin kendim için bir ism-i azam hükmüne geçmiş olduğunu hayretle gördüm ve anladım. Ayrıca Kıyamet Gerçekliği'nin dahi **KAF** harfine ve **KAYYÛM** ism-i celiline baktığını gördüm. Şöyle ki, zaten Kıyamet Gerçekliği'nin baş harfleri **Kaf** ve **Kef** olduğu gibi, Kıyamet Gerçekliği'nin başlangıcını ve mukaddimesini oluşturan ilk altı eserin başlangıç kısmındaki kelimelerin baş harflerinin dahi;

- **K**ARDEŞ (Hakikat-ul Uhreviye)
- **A**RKADAŞ (Cem-ul İzafiye)
- **Y**OLDAŞ (İşarat-ul İseviyye-I)
- **Y**OLDAŞ (İşarat-ul İseviyye-II)
- **Ü**STAD (Kevn-ut Tekamül-I)
- **M**UALLİM (Kevn-ut Tekamül-II)

"KAYYÛM" ism-i celiline bakmaktadır. Buradan anlaşıldı ki, Kıyamet Gerçekliği'nin bir nevi fatihasını ve mukaddimesini oluşturan bu eserler KAYYÛM ismine baktığı gibi; kainatın yaratıcısının ve ayakta tutucusunun da yine zât-ı zülcelâl olduğunu ve kıyametin gelmesiyle bu ismin bir tecellisi olarak kainatın ayakta tutulan binasının harab edilerek bu kez "KADÎR" isminin bir tecellisi olarak yeniden ve farklı bir şekilde inşasını bildirir ki; bu önemli eserler o büyük hakikati ilmelyakin, aynelyakin ve belki hakkalyakin derecesinde isbat eder diye bir kanaat geldi. Her neyse.. Çünkü bu kadar kısa bir zaman içerisinde (yaklaşık 4 yıl gibi) birbirinden tamamıyla farklı branşlarda olan ve her biri derin bir uzmanlık isteyen pozitif bilimlerin tüm sahalarında birdenbire böyle yüksek seviyeli yaklaşık 4000 sayfadan müteşekkil 6-7 parçadan oluşan bir eserler serisinin meydana gelmesi ancak bir inayet-i ilahiye ve Kayyum isminin bir mazharıdır diye ihtar edildi. Aksi takdirde, eğer hesaplasak günde muntazam yaklaşık 10 sayfalık bir eser te'lifi demektir ki, 2006 tarihinden 2010'a kadar 4 sene boyunca geceli gündüzlü bu cihette çalıştırılmamız ile müşahede edenlerce zamanının ilmi seviyesinin çok ilerisinde görülen bu eserlerin meydana getirilmesi, ilahi bir hikmetin yardımı değilse başka ne ile açıklanabilir..

◊ OTUZALTINCI PENCERE ◊

☐ **ÜÇÜNCÜ HAKİKAT**: **Cifir** ilmince malumdur ki, tarih içerisine yayılmış olan çok genel isimler ve olaylar hesaplanırken **"En Büyük Ebced Hesabı"**; genel isimler ve olaylar hesaplanırken **"Büyük Ebced Hesabı"** ve özel isimler ile olayları bildiren ayet ve hadisler hesaplanırken de **"Küçük Ebced Hesabı"** kullanılır.

"مهدي" **"Mehdi"** kelimesinin cifir değeri en büyük ebced hesabına göre hesaplandığında; makam-ı cifrisi **Miladi 1987** tarihini verir ki, bu tarih hicri 14. asrın başında gelmiş olan Hz. Mehdi'nin ortaya çıkışını müjdelemektedir. Eğer, sayılmayarak düşen sondaki bir elif de (19) olarak ilave edilse, bu kez de makam-ı cifrisi **Miladi 2006** tarihini vererek, 14. asrın müceddidi olan Hz. Mehdi'nin Zuhuruna, yani ortaya çıkışına ve müceddidlik görevine başlama tarihine tam tevafuk eder.

◊ **OTUZYEDİNCİ PENCERE** ◊

☐ **DÖRDÜNCÜ HAKİKAT:** Yine, Hz. Mehdi'nin ahirzamanda, 14. asırda çıkışını bildiren unvanlarından birisi olan "صاحبُ الزَّمانْ" **"Sahibuzzaman, Zamanın Sahibi"** kelimesinin cifir değeri dahi büyük ebced hesabına göre (hemzeli) hesaplandığında; bütün harfler ikişer olmak üzere, lam harf-i tarifi zamanın dar bir kısmını içerisine alan özel bir ismi ifade ettiği için sayılmak şartıyla ve sondaki tenvin vakıf olarak bir ta (11) sayılmak şartıyla makam-ı cifrisi **1476** yaparak **Hz. Mehdi**'ye remzen işaret eder.

◊ OTUZSEKİZİNCİ PENCERE ◊

☐ **BEŞİNCİ HAKİKAT:** Yine aynı şekilde, Hz. Mehdi'nin ahirzamanda, 14. asırda çıkışını bildiren unvanlarından bir diğeri olan "مهدي آخرالزّمان" "**Ahirzaman Mehdisi**" kelimesinin cifir değeri dahi büyük ebced hesabına göre (hemzesiz) hesaplandığında; şeddeli ze bir ze (8) ve lam harf-i tarifi zamanın geniş bir penceresini içerisine alan genel bir kavramı ifade ettiği için sayılmamak şartıyla makam-ı cifrisi **1476** yaparak ahirzaman mehdisinin cifir değerine tam tevafuk ederek remzen işaret eder.

Eğer, yalnızca "آخرالزّمان" "**Ahirzaman**" kelimesinin cifir değeri dahi büyük ebced hesabına göre (hemzeli) hesaplandığında; şeddeli ze iki ze (18) ve lam harf-i tarifi zamanın dar bir kısmını içerisine alan özel bir ismi ifade ettiği için sayılmak şartıyla, makam-ı cifrisi **Hicri 1422** veya **Miladi 2002** yaparak onun ayn-ı zamanına ve ahirzaman mehdisinin zuhuruna ve mücahedesine başlamasına yakın bir döneme remzen işaret eder.

Eğer, hemzeler sayılmasa bu kez de **Hicri 1419** veya **Miladi 1999** yaparak, **Kıyamet Gerçekliği**'nin mukaddematını oluşturan eserlerin hazırlık dönemine ve ahirzamanın başlangıç zamanına tam tevafuk ederek remzen işaret eder.

◊ OTUZDOKUZUNCU PENCERE ◊

☐ **ALTINCI HAKİKAT: Kıyamet Gerçekliği** isminin orijinal Türkçesi (Osmanlıcası) olan;

$$قىياَمة گەرچەكليغي$$

kelimesinin makam-ı cifrisi, Küçük Ebced hesabına göre hesaplandığında;

100+10+10+1+40+5+5+20+1+5+200+3+1+5+20+30+10+1000+10 = **1476**

değerini verir ki, bu cifir değeri müellifin eserlerine ait gaybî anahtar şifre hükmündedir.

◊ KIRKINCI PENCERE ◊

□ **YEDİNCİ HAKİKAT:** Kıyamet Gerçekliği
Müellifinin isminin orijinali (Arapçası) olan;

مراد اخراي

kelimesinin makam-ı cifrisi dahi, Büyük Ebced hesabına göre hesaplandığında;
90+202+111+35+111+602+202+111+12 = **1476**

değerini verir ki, bu cifir değeri müellif için gaybi bir anahtar hükmündeki anahtar bir şifre değeridir ve aynı zamanda Kıyamet Gerçekliği'nin cifir değerine eşittir.

Dolayısıyla, eserleriyle aynı cifir değerini veren bu sayı, daha önce te'lif edilen hiçbir tefsir-i hakikide rastlanmayan harika bir tarzda ve aynı anda hem müellifine ve hem de eserlerine remzen, işareten ve dalaleten kuvvetli bir tarzda işaret ederek 14. asrın başındaki Hâdim-i Kur'ân-ı gösterir.

◊ KIRKBİRİNCİ PENCERE ◊

☐ SEKİZİNCİ HAKİKAT:

HZ. ALİ'NİN HZ. MEHDİ İLE
– İLGİLİ BİLDİRDİĞİ ALTI İŞARETTİR –

Hz. Ali'nin bildirmiş olduğu bir kısım tevafukâttır ki, bunların bir kısmı da yine içinde bulunduğumuz 14. asra, yani ahir zamana bakarlar. Şimdi Hz. Ali'ye ait olan Müştakzade şerhinde yer alan divanından seçilen ve şu zamana bakan bazı gaybi işaretleri YEDİ İŞARET altında inceleyelim:

BİRİNCİ İŞARET:

بنى اذا ما جاشت التّرك فانتظر

"**Âyâ oğlum! Türkler cûş ettiklerinde (kaynadığında, ve karıştığında, yani savaştığında) Mehdî-i Âdil'e muntazır ol.**"

beyitindeki, "بنى اذا ما جاشت التّرك" "**Âyâ oğlum! Türkler cûş ettiklerinde (kaynadığında, ve karıştığında, yani savaştığında..)**" cümlesinin makam-ı cifrisi **Miladi 1960** tarihini vererek Türk devletinde Mehdî'nin gelmesinden hemen önce karışıklıklar olacağını bildirir ki, aynen böyle vuku bulmuştur. Türkiye Cumhuriyet tarihinin çok az bir kısmı hariç **1960-1980** arası hep karışıklıklarla geçmiştir. Ayrıca bu ifade, Hz. Mehdi'nin Türklerle bir ilgisi olduğunu ve onların içerisinden çıkacağını harika bir tarzda bildirir. Bu ifade, Hz. Peygamberin bir hadisiyle de uyuşur ki, bu hadiste bildirildiğine göre Mehdi'nin mücadelesinin sonuna kadar Türklerden ayrılmayacağını, yani onlarla birlikte bulunacağına harika bir tazda **1400** sene öncesinden müjdeleyerek bildirir. Gerçekten de **1980-2010** tarihleri arasındaki Türkiye gündeminde değişen olayları analiz ettiğimizde, bu **30** senelik dönemde Türkiyenin önemli değişimler geçirmiş olduğunu ve Hz. Mehdi'nin Türklerle birlikte olduğunu isbat ederek ahir zamana ait mühim bir hakikati isbat etmiş. Ayrıca, yine başka bir hadiste bildirilen mühim bir hakikat daha yakın bir zaman önce gerçekleşmiştir ki, bu hadiste Mehdi'nin bayrağını üç tarafı denizle çevrili bir kentte bayrağını denizin kenarına dikeceği bildirilir ki, bu hadisin bildirdiği hakikat yakın bir zamanda İstanbul'un her tarafında ve özellikle kıyı semtlerinde dikilen büyük Türk bayraklarıyla kendisini göstermiş ve Hz. Mehdi'ye ait **1400** sene öncesinden bildirilen bir hakikati isbat etmiş. Her neyse.. Bu neviden çok işaret ve ehâdis olmakla birlikte şimdilik bu iki hadise burada yer vererek kısa geçtik..

◊ KIRKİKİNCİ PENCERE ◊

☐ DOKUZUNCU HAKİKAT:

İKİNCİ İŞARET:

اذا بلغ الزمان على حروف * ببســم الله فالمهدى قاما

"Zaman besmelenin harf sayısı üzerine, tamam adedine ulaşırsa (19×100, yani 1900'lü yılların bitimine işaret ediyor), Mehdî kaim ola."

Beyitindeki;

اذا الزّمان على حروف ببســم الله

"Zaman, Besmele'nin harf sayısına ulaştığında.." cümlesinin makam-ı cifrisi, **Hicri 1419** veya **Miladi 1999** yaparak Hz. Mehdi'nin bu tarihlerde çıkacağını ve manevi mücahedesine **"Bismillah"** deyip başlayacağını harika bir tarzda bildirir.

Yine aynı beyitteki, Hz. Mehdi'nin çocukluğuna ait bir ifadeyi içeren;

بلغ الزمان المهدى قاما

"Zaman sonuna ulaştığında, Mehdi de ayağa kalkacak, yani yürüyecektir.."

cümlesinin makam-ı cifrisi, **Hicri 1399** veya **Miladi 1979** yaparak Hz. Mehdi'nin bu tarihlerdeki çocukluk dönemine işaret ettiği gibi; istikbal-i manevisine de bakarak mücahedesinin ve kendisinin emekleme ve **"Bismillah"** deyip hayata başlama dönemine de harika bir tarzda işaret eder..

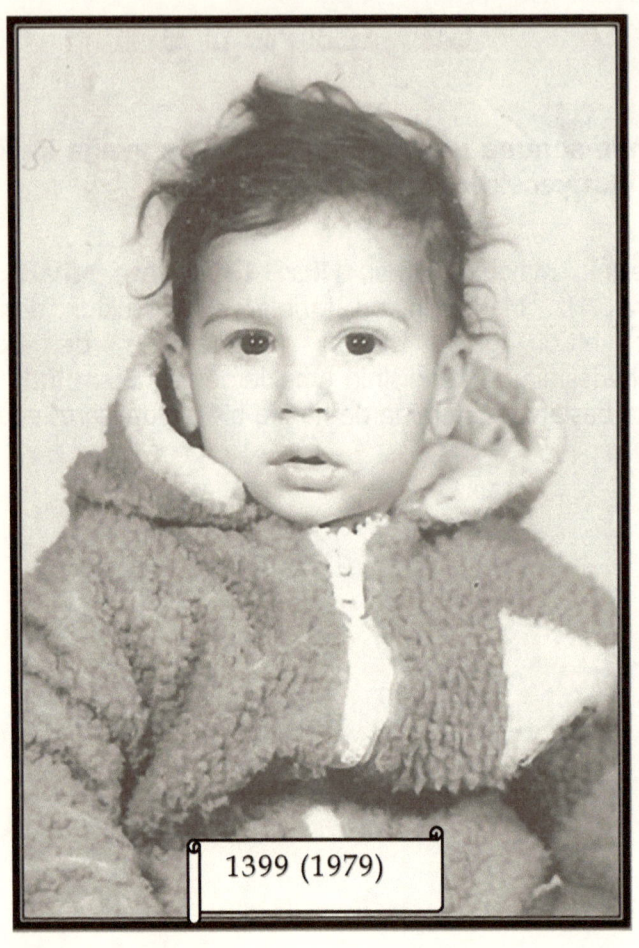

1399 (1979)

Haşiye: Küçüklüğümden kalan tek hatıram olan ve özenle sakladığım, bir kenarı yırtık olan bu garip resim, hakikati ilan ve beyan etmek için sanki ahir zamanın başlangıç tarihlerine, Kıyameti ilan ve isbat etmek için tarih-i kadimden günümüze uzanan çizgide küçük bir not düşmüş..

◊ KIRKÜÇÜNCÜ PENCERE ◊

☐ ONUNCU HAKİKAT:

ÜÇÜNCÜ İŞARET:

* و دوران الخروج عقيب صوم *

الاَ بلغه من عندى سلاما

"Ramazan Orucu akabinde, hurucuna tesadüf olunduğunda benden ona selâm söyleyin."

Beyitindeki;

و دوران الخروج عقيب صوم

"Ramazan Orucu akabinde, hurucuna tesadüf olunduğunda.."

cümlesinin makam-ı cifrisi **Hicri 1425**, yani **Miladi 2005** yılını verir ki, 2005 yılı sonlarına gelen Ramazan ayından sonraki **Hicri 1426**, yani **Miladi 2006** yılı başlarına denk gelir ki, bu tarihte Kıyamet Gerçekliği'nin manevi ilhamla yazılmaya ve te'lif edilmeye başlandığı tarih olan **10 Şubat 2006**, yani **10 Muharrem 1426 Aşura** gününe denk gelir ki, Kıyamet

Gerçekliği'nin te'lif edilmeye başlanma tarihi bu beyitte bildirilen tarihle tam bir tevafuk içerisindedir ve hariha bir İhbar-ı Gaybiye-i Aleviye'dir. Üstelik yine aynı şekilde ve aynı tarzda, beyitin ikinci kısmındaki cifirsel tarihi de hesapladığımızda;

الاَ بلغه من عندى سلاما

"O'na yetiştiğinizde benden selam söyleyin.."

cümlesinin makam-ı cifrisi de, **Hicri 1425** veya **Miladi 2005** tarihini vererek iki kere iki dört eder derecesinde sarih bir rivayet ve kuvvetli bir işaret derecesinde, manayı iki kat kuvvetlendirerek 2005 yılı sonunda, yani 2006 yılı başlarında 14. asrın müceddidi olan Hz. Mehdi'nin kesin olarak çıkacağını, yani Müceddidlik görevine başlayacağını te'kidli bir ifadeyle 1400 sene öncesinden harika bir tarzda ilan ve isbat ederek onun gelişini müjdeler.

Dolayısıyla, ilk bulduğumuz tarih tesadüf olsa bile ikincisinin de aynı tari vermesi meseleyi remiz ve işaret noktasından delil, isbat ve belki bürhan noktasında bir ilmi delil noktasına çıkarmaktadır. Elbette, bu kadar tevafukâtın bu kadar kısa cümlelerde bir arada bulunması, Hz. Ali'nin velayetinin yüksekliğinin bir başka göstergesi değil de ya nedir?

İşte, Hz. Mehdi'nin gelmeyeceğini veya başka tarihler vererek meseleyi saptıranlara en güzel cevabı bu cifri sonuçlar, zaten birer ilmi delil olarak vermektedirler. Başka bir me'haza mecal bırakmamaktadırlar..

◊ **KIRKDÖRDÜNCÜ PENCERE** ◊

☐ **ONBİRİNCİ HAKİKAT:**

DÖRDÜNCÜ İŞARET:

* وذل ملوك الارض من ال هاشم و المهدي *

و بويع منهم يلذ و يهزل

"Bütün yeryüzünün melikleri, Âl-i Hâşim ve Hz. Mehdî'ye karşı zelil oldular. Âhirzamanın melikleri millet tarafından seçilmiş öyle kimselerdir ki, şehvetleri tahrik edip, kendileri de şehvete tabi'dirler."

Beyitlerindeki;

وذل ملوك الارض من المهدي

"Bütün yeryüzünün melikleri, Hz. Mehdî'ye karşı zelil oldular.."

cümlesinin makam-ı cifrisi **Miladi 2013** yaparak, Hz. Mehdî'nin dünya çapındaki ilk manevi galibiyetini alarak dünya literatürünün gelmiş olduğu ilmi seviyenin üzerine çıkarak kendisine Kutb-ul İrşâd (Manevi İrşâd Kutbu, yani İslam Halifeliği) makamının Allah tarafından bir gecede verilmesinin ayn-ı tarihine harika bir tarzda işaret eder. İşte bu işaret ise, Kıyamet Gerçekliği'nin dünya çapında ilk ilmi galibiyetini almasını ve içerisindeki zamanın bildirdiği bütün ilim ve fen dallarının üzerindeki çalışmalarını ve ilmi sonuçlarını inayet-i ilahiye ile ilzam ve isbat etmesi tarihine denk gelir.

◊ KIRKBEŞİNCİ PENCERE ◊

☐ ONİKİNCİ HAKİKAT:

BEŞİNCİ İŞARET:

* فثم يقوم القائم الحق منكم *

و بالحق ياتيكم و بالحق يعمل

"O vakit sizden bir zât kıyam eder. O size hakkı getirir ve hak ile amel eder."

Beyitindeki;

فثم يقوم القائم منكم و بالحق يعمل

"O vakit sizden bir zât Kıyam eder ve Hak (Gerçek) ile amel eder.."

cümlesinin makam-ı cifrisi **Hicri 1396** veya **Miladi 1976** yaparak; "القائم" **"Kalkar, Kıyam eder veya Dirilir, Doğar"** anlamlarındaki **"Kâim"** kelimesiyle, Hz. Mehdi'nin veladetine, yani doğum tarihine harika bir tarzda işaret eder. Ayrıca, bu kelimenin Hz. Mehdi'ye izafeten sonuna birinci tekil şahıs zamiri (ه) getirilmesiyle meydana gelen "القامه"

"O'nun, Hz. Mehdi'nin doğumu" anlamında, makam-ı cifrisi düşen hemze sayılmamak şartıyla **"176"** yaparak yine doğum tarihine tevafuk ederek remzen işaret eder.

Yine benzer şekilde, Hz. Mehdi'nin doğumundan bahseden "فثم يقوم" **"O vakit kıyam eder"** anlamında, makam-ı cifrisi düşen hemze sayılmamak şartıyla **"776"** yaparak yine Hz. Mehdi'nin doğum ve ayağa kalma dönemi olan veladetine te'kidli olarak remzen işaret eder. Ayrıca, beyitte geçen "و بالحق" **"Gerçek'le amel eder"** kelimesinin anlamı da, Hz. Mehdi'nin getirmiş olduğu Hak bir Hakikat olan ve 14. asırda Kur'an-ı Hakim'den çıkmış parlak bir nur ve hakikat olan **"Hak"** kelimesinin cifir değeri **"139"** olarak, şimdilik **10** parçası ortaya çıkmış bulunan **"139"** parça **Kıyamet Gerçekliği Eserlerine** remzen işaret ettiği gibi; "Ve bi-l Hakki" kelimesinin cifir değeri dahi, **"146"** yaparak tamamlanma tarihi olan **"2046"** tarihine remzen işaret eder..

◊ KIRKALTINCI PENCERE ◊

□ ONÜÇÜNCÜ HAKİKAT:

ALTINCI İŞARET:

* سَمِيُّ نبى الله نفسى فداؤه *

فلا تخذلوه يا بنى وعجلوا

"O'nun ismi, Allah'ın nebisinin (Muhammed AS) ismi gibidir (O'nun ismine benzer). Onu hakir zannetmeyin çabuk ittiba' edin."

Beyitindeki;

* سَمِيُّ نبى الله لا تخذلوه *

"O'nun ismi, Allah'ın nebisinin (Muhammed AS) ismi gibidir (O'nun ismine benzer). O'nu hakir zannetmeyin."

cümlesinin makam-ı cifrisi, şeddeli lam ve ya birer sayılsa **Miladi 1975** yaparak veladet tarihine **bir farkla** tevafuk ederek remzen işaret eder. Eğer, şeddeli lam ikişer ya birer sayılsa bu kez de **Miladi 2005** yaparak zuhurunun tarihine **bir farkla** tevafuk ederek, daha önceki beyitlerde elde edilen tarihleri bir kez daha işaret eder ve manayı daha da kuvvetlendirir.

◊ KIRKYEDİNCİ PENCERE ◊

☐ ONDÖRDÜNCÜ HAKİKAT:

MANEVÎ BİR GAYB ÂLEMİNDE, BENİ YETİŞTİREN KIYMETLİ BABAANNEM VE MÜHİM BİR ZÂT (GAVS-I ÂZAM ABDULKÂDİR-İ GEYLANÎ HZ.) YANIMDAYKEN YAŞADIĞIM MÜHİM BİR İHBÂR-I GAYBÎ'Yİ ANLATAN VE AHİRZAMANA VE –KIYAMETE BAKAN ALTI İŞARETTİR –

* اَنَا لِمُرِيدِي حَافِظًا مَا يَخَافُهُ *

* وَ اَحْرُسُهُ فِي كُلِّ شَرٍّ وَ فِتْنَةٍ *

* مُرِيدِي إِذَا مَا كَانَ الشَّرقَا وَ الْمَغْرِبًا *

* أَغِثْهُ إِذَا مَا سَارَ فِي اَىِّ بَلْدَةٍ *

* وَ كُنْ قَادِرِيَّتُ الْوَقْتِ اللّٰهِ مُخْلِصًا *

* وَ جَدِّى رَسُولُ اللّٰهِ اَعْنِى مُحَمَّدًا *

Yukarıdaki kaside özet olarak şu anlama gelir:

İleride gelecek olan ehemmiyetli Mürîdimi (Hz. Mehdi) her neden korkuyorsa, her türlü fitneden ve şerden muhafaza edeceğim. Mürîdim nereye giderse gitsin, Doğu'ya veya Batı'ya, O'nu gittiği her beldede ve şehirde hıfz-ı ilâhi ile koruyacağım. Ve zamanının Salih bir Abdulkâdir-i Geylanîsi olman ve ceddin Rasûlullah Muhammed (SAV) gibi inayet olunman için vaktin gelmiştir.."

şeklinde Gavs, yüzyıllar öncesinden Hz. Mehdi'nin geleceğini ve kendisinin ehemmiyetli bir Mürîdi olacağını ihbar-ı gaybî nev'înden mu'cizevî bir tarzda haber vermektedir. Şimdi bu beyitlerde bildirilen cifirsel işaretleri sırasıyla inceleyelim:

BİRİNCİ İŞARET:

Hicri 1424, Miladi 2004 yılına girildiğinde bende farklı bir manevi uyanış gerçekleşmeye başlamıştı. Şöyle ki: O günlerde çokça mütalaa ettiğim Risale-i Nur eserlerinin bazılarında (Şualar ve Sikke-i Tasdik-i Gaybi gibi) ahirzamanda gerçekleşecek olan Kıyamet Alametlerinden ve ahirzamanın önemli şahıslarından ve icraatlarından kapalı bir surette bahsediyordu. Örneğin, o günlerde defalarca üzerinde durup mütalaa ettiğim 5. Şua ve Abdulkâdir-i Geylanî'nin kasidelerini içeren 1. ve 8. şualar gibi. Bu eserlerde, Abdulkadir-i Geylani'nin ahirzamana ilişkin gaybi haberlerinden ve manevi tasarruflarından bahsediyordu. Her neyse.. İşte Kıyamet Gerçekliği gibi bir eser oluşturma fikri bende ilk kez, bu gaybi haberlerin cifirsel değerlerini hesaplayarak günümüze bakan bazı tarihler elde etmem sonucunda başladı. Şöyle ki: O günlerde bu eserlerde ve özellikle 5. Şua'da yer alan *"Evet, beşinci şua ahirzamanda umumun ve bilhassa ehl-i ilmin imanını tashih edip kurtarıyor.."* ibaresi dikkatimi çekti ve daha sonraları bu ibarenin dahi Kıyamet Gerçekliği'ne işaret etmek suretiyle içeriğine ve metodolojisine baktığını hayretle gördüm. Bu küçük risale, küçüklüğüyle beraber

Kıyametten ve Kıyametin büyük alametlerinden haber vermesi nedeniyle aynı zamanda ahirzamana da bakıyordu ve önemli bir ihbar-ı gaybiyi teşkil ediyordu. Ben bu düşüncede iken, birden birinci şuadaki benzer bir yapı da dikkatimi çekti ki, özet olarak bu risalede şöyle diyordu:

> "Ahirzamandaki iman-ı tahkikinin Hakkalyakin derecesi ile Batıni ve Zahiri kutuplarını oluşturan iki kutbu, Hz. Mehdi ve Hz. İsa'nın getirmiş olduğu iki parlak nura baktığı gibi; Kıyametin diğer büyük alametlerine de bakar ve buradan hareketle Haşir ve Ahiret hayatının gelmesine, yani bunların başlangıcını teşkil eden en büyük mesele olan Kıyamet'in gelmesine ve dolayısıyla O'nun isbat edilmesine bakarlar.."

2004 yılı ortalarında, birinci şuadaki bu mühim gaybi ifadeyi ve ahirzaman meselelerini düşündüğüm bir sırada, bir gün bir rüya esnasında gayb aleminden bir pencere gözümün önünde açıldı. Şöyle ki: Alem-i Gayb'da benim bulunduğum mevkiden çok uzakta sarp bir yokuş ve kayalardan müteşekkil dar bir geçit bulunuyordu. Merakla bu geçitin içerisine girdim fakat yol bitmiyor, gittikçe uzuyordu. Uzun bir mesafe katettikten sonra acaba bu karanlıklı geçitten kurtulmak ve bu sarp yokuşu aşmanın çaresi nedir? diye düşünürken ve Cehennemi bir tablo içerisinde kendimi bulunuyor gibi hissederken, uzaklardan bir ses **"Korkma yaklaş!"** diye cevap verdi. Bu sırada, beni bir ürperti kaplamıştı ki, o sesin sahibi tekrar **"Yaklaş!"** dedi. Bunun üzerine, **"Buyrun!"** dedim. Sesin sahibi, kuvvetli ve heybetli bir sesle amirane bir tarzda bu kez Arapça olarak şöyle seslendi:

$$\text{تَحَبُّونَ ما حِيَاكَةٌ مِنَ الإسْلامِ دينٌ}$$

Yani Türkçe manada; **"İslam dininden ne ekersen onu biçeceksin!"** diyordu. (**Not**: Yukarıdaki ifadenin cifir değeri, şeddeli be iki be (4) ve tenvinler kuvvetli te'kidden dolayı iki nun (100) sayılmak şartıyla **Miladi 1070** tarihini verir. Daha sonradan anladım ki, bu tarih Abdulkadir-i Geylani'nin Miladi doğum tarihidir ve bu sözü manevi bir emir olarak söyleyen mühim zat da O'dur ki, bu söz bende öyle bir tesir bırakmış ki, o zamanlar Arapçayı tam bilmememe rağmen aklımda tutabilmişim..) Bunun üzerine, **"Ne ekeceğim ve ne biçeceğim?"** diye sordum. Ses tekrar aynı tonda fakat daha yüksek bir sesle şöyle cevap verdi:

تَحَبُّونَ ما حَقِيقَةٌ حِيَاكَةٌ مِنَ الْقِيَامَةِ

Yani Türkçe manada, **"Hakikatten ne ekersen, Kıyametten onu biçeceksin!"** diyordu. Bu söz üzerine birden uyandım. Sonra baktım ki, Üstadın Sikke-i Tasdik-i Gaybi isimli eseri yanımda duruyor ve hemen o eserin herhangi bir sayfasını açıp, o zamanlar tam olarak Arapçayı bilmediğim için belki gördüğüm bu hayal alemiyle ilgili bir şey bulabilir miyim? diye düşünürken, birden içerisinde çokça Arapça ibarenin bulunduğu o **Sikke-i Tasdik-i Gaybi**'de yer alan **"Mühim bir ihbar-ı Gaybi"** başlığı altında verilen Sekizinci Lem'a dikkatimi çekti ve incelemeye başladım. Burada Abdulkadir-i Geylani Hazretlerinin ahirzamana bakan bazı tasarrufları ve sözleri yer alıyordu. Fakat burada yer alan onun şu cümlesi çok dikkatimi çekti:

اَفَلَتْ شُمُوسُ الْأَوَّلِينَ وَ شَمْسُنَا أَبَدًا عَلَى فَلَكِ الْعُلَى لَا تَغْرُبُ

Yani, **"Öncekilerin güneşi batsa bile, bizim güneşimiz Kıyamet kopana kadar devam edecektir. Ne zaman ki, güneş batıdan doğar; o zaman da bizim güneşimiz batar, batıdan yeni bir güneş doğar.."** cümlesini okuduktan sonra anladım ki, rüyadaki mana aleminde bana seslenen zat Abdulkadir-i Geylani'dir ve bana manen diyordu ki; "**Güneşin batıdan doğması yaklaştı, onun için Kıyamet'i ilan ve isbat et!**" Yani, "**Kıyamet'i ilan ve isbat edecek olan eserlerini yazmaya hazırlan!**" şeklinde şiddetli bir şekilde ikaz ediyordu ki; bu gördüğüm sahih rüyanın etkisini birkaç ay üzerimde hissettim ve özellikle güneşin batıdan doğmasıyla beraber tevbe ve iman kapısının kapanmasını da manen haber veren bu ihtar-ı gaybi, kapalı olan manevi bir gözümü açtırdı ve Kıyamet hakkındaki onun kaside şeklinde yazmış olduğu sözlerin etkisini uzun bir süre üzerimden atamadım ve işte bu dönemde bende ciddi bir manevi uyanış ve bununla beraber mühim bir değişim oldu. Yani, artık eski düşüncelerim ve felsefeye olan iştiyakım veya pozitif bilimleri incelemeye devam etme düşüncelerim tamamen değişti diyebilirim. Dolayısıyla bu önemli dönemde, sanki eski murad gitmiş yerine yeni birisi gelmişti ve işte Kur'an hakikatlerine ve Kıyamet ilmine başlangıcımı teşkil eden Kur'an ilimleriyle beraber Arapça tahsilime bu olaydan sonra sıkı bir şekilde başlamış oldum ki, o gün başladığım bu çalışmalar daha sonraki dönemde Kıyamet Gerçekliği eserlerini parça parça ortaya çıkarmaya başladılar..

◊ **KIRKSEKİZİNCİ PENCERE** ◊

☐ **ONBEŞİNCİ HAKİKAT:**

İKİNCİ İŞARET:
Abdulkadir-i Geylani'ye ait kasidenin bundan sonraki satırlarında, beşinci satırda yer alan;

$$\text{وَ كُنْ قَادِرِيَّتُ الْوَقْتِ اللّٰهِ}$$

Yani, "**Allah'ın rızasını muhlis bir şekilde kazanmak için, zamanının Abdulkadir-i Geylani'si olma zamanın gelmiştir..**" cümlesinin makam-ı cifrisi, şeddeli ya bir ya (10) ve şeddeli lam iki lam (60) sayılmak şartıyla, **Hicri 1424** veya **Miladi 2004** tarihini vererek, az önceki bahsedilen vaka-i hayaliyedeki müellifin Gavs-ı Geylani'den manevi emir aldığı tarihin ayn-ı vaktine tam tevafuk ederek, Gavs'ın sarahat derecesinde ihbar ettiği bu harika ihbar-ı gaybiye-i hayaliyeye remzen işaret eder. Aynı zamanda, "الْوَقْتِ" kelimesiyle **"Zamanın ve Kıyametin hakikatini açıkla!"** diyerek yaklaşık 10 asır öncesinden manevi bir telefonla; aynı kasidenin ikinci kısmında yer alan "لِمُرِيدى" kelimesiyle tesmiye ederek işaret ettiği müellifin kendisini, kendi ismiyle zikrederek ahirzamandaki ehemmiyetli bir müridi olacağını ve manen yardımda bulunacağını remzen işaret ederek haber göndermektedir..

◊ KIRKDOKUZUNCU PENCERE ◊

☐ ONALTINCI HAKİKAT:

ÜÇÜNCÜ İŞARET:
Abdulkadir-i Geylani'ye ait kasidenin yine bundan önceki satırında, birinci satırında yer alan;

$$\text{اَنَا مُرِيدِى حَافِظًا يَخَافُهُ}$$

"**Müridimi korktuğu şeyden koruyacağım..**"

Cümlesinin makam-ı cifrisi, tenvin mensup olarak (1) sayılmak şartıyla, **Miladi 2004** tarihini vererek o vaka-i hayaliyenin gerçekleştiği zamana ve kendisini korktuğu şeyden manevi koruması altına alması tarihine tam olarak tevafuk ederek, "**Korkma, mücahedene ve nazım şeklinde yazmış olduğun Kıyamet Gerçekliği'ni oluşturacak ilmi çalışmalarına ve makalelerine başla!**" şeklinde teselli verir. Hakikaten bu teselli sonucunda, müellif o yılın sonunda askere gittiği dönemde dahi, soğuk kış günlerinde ve -15-20 ^{0}C derece sıcaklık altındaki koğuşunda Arapça tahsiline ve Kur'an ilimlerine olan vukufiyetini ve çalışmalarını harika bir tarzda devam ettirmiş ve bu tesellinin manevi bir sonucu olarak pek çok kez kendi koğuşunda derslerine kendi kendine devam ettiği halde ve komutanların da birçoğu gördüğü ve o dönemde kışlaya kitap dahi sokulmasına izin verilmediği bir sırada Gavs'ın yardımıyla gizli bir şekilde muhafaza edilerek harika bir tarzda ilmi tahsiline devam etmiş ve buna şahit olan arkadaşları tarafından da bu durum hayretle karşılanarak takdir edilmiş ve kimse kendisine ilişememiştir. Hatta çok iyi hatırlıyorum ki, bir keresinde koğuştan içeriye giren bölük komutanı kitapları birkaç defa elimde gördüğü halde bir şey demedi, belki de herkesi kontrol ettiği halde beni fark edemedi. Hatta bazı zamanlarda koğuşa gelen diğer komutanlar herkesi ve eşyasını kontrol ettikten sonra ve ranzanın üzerinde oturuyor bir halde iken elimde Arapça tefsir kitapları olduğu halde beni görmezlikten gelmeleri Gavs'ın bu kerametinin bir sonucu olduğunu gösterir ve sonradan anladım ki, bu durumu gören arkadaşların dahi hayret etmesi ve korktukları ve defaatle uyarmalarına karşı yine bir şey olmaması bunu ispatladılar. Hatta bir keresinde, bu tefsir kitaplarına aşina olan imam hatip mezunu bir hoca arkadaşım vardı, hem Arapça bilgisi de çok iyiydi. Bir miktar Arapça çalışmak için kışlanın mescidine gittik, derken kapı açıldı ve komutan içeriye girerek, namaz kılmanın serbest olduğunu fakat dini ders yapılmasını yasakladı. Sonra bir de baktık ki, yaklaşık 1 ay mescidde ders yapamadık, sonra o komutanın başka bir yere tayini çıktı ki, hepimiz bu duruma hayret ettik ve derslere devam ederek Arabi ve Kur'an ilimlerine ait te'lif bilgimi bu sırada daha da arttırdım ki, şu anki tefsir bilgimin temeli o küçük kışla mescidindeki salih bir niyetle gerçekleştirdiğim ilmi çalışmalarımın parlak bir meyvesi oldu. Buradan anladım ki, o vaka-i hayaliyeden sonra Gavs, özel bir tarzda beni himayesine almış ve ben de bunu daha sonraki çeşitli zamanlarda daha yoğun bir şekilde manen hissettim ve o sıralarda korktuğum daha böyle pek çok halet-i ruhiyelerden ve tehlikelerden kurtularak elhamdülillah dedim, Allah'a şükrettim..

◊ ELLİNCİ PENCERE ◊

☐ ONYEDİNCİ HAKİKAT:

DÖRDÜNCÜ İŞARET:

Abdulkadir-i Geylani'ye ait kasidenin üçüncü satırında yer alan;

$$\text{مُرِيدِى اِذَا مَا كَانَ الشَّرْقًا}$$

"Müridim Doğu'ya gittiğinde.."

cümlesinin makam-ı cifrisi, şeddeli şın iki şın (600) sayılmak şartıyla **Miladi 1979** yaparak, aynı yıl anne ve babasının ayrılmasıyla müellifin 3 yaşında ailesinden ayrılıp Türkiye'nin Doğu tarafındaki bir vilayete, **Trabzon**'a giderek **3** yaşından **8** yaşına kadarki çocukluk dönemini burada süt annesinin yanında geçirmesine ve bu yalnızlık ve ilk gurbet döneminde Gavs'ın himayesinde olmasına bir işarettir.

◊ ELLİBİRİNCİ PENCERE ◊

☐ ONSEKİZİNCİ HAKİKAT:

BEŞİNCİ İŞARET:

Abdulkadir-i Geylani'ye ait kasidenin yine aynı üçüncü satırında yer alan;

$$\text{مَا كَانَ الْمَغْرِبًا}$$

"*Müridim Batı'da gittiğinde..*"

cümlesinin makam-ı cifrisi, sondaki tenvin bir nun (50) sayılmak şartıyla **Hicri 1425** veya **Miladi 2005** yaparak, müellifin bu tarihte Türkiye'nin Batı tarafındaki bir vilayete, **Kırklareli**'ye giderek askerlik dönemini burada geçirmesine ve yine buradaki ikinci gurbet ve yalnızlık döneminde de Gavs'ın himayesinde olmasına harika bir tazda işarettir..

◊ ELLİİKİNCİ PENCERE ◊

☐ ONDOKUZUNCU HAKİKAT:

–MÜHİM VE GERÇEK BİR HAKİKAT-İ GAYBİYEDİR–

ALTINCI İŞARET:

14. asrın başlarında, **hicri 1419** yani **miladi 1999** tarihi **Ağustos** ayının başlarında, mühim bir manevi sıkıntı ve bunalıma girmiştim. Bir nur veya dağılmaya yüz tutmuş olan dikkatimi yeniden toparlayacak bir hakikat ışığını şiddetli bir şekilde arzu ediyordum. Bu sıralarda, beni küçüklüğümden beri himaye eden ve yetiştiren kıymetli babaannemin rahatsızlıkları ve hastalıkları iyice artmıştı. Yaşı, 80'e yaklaşmış iyiden iyiye çökmüş ve düşmüştü. Ağustos ayının ortalarına gelmiştik. O'nun bu hazin durumu ve halen devam eden kendi meçhul akibetimi düşünürken; birden akşam ile yatsı vaktine yakın biraz kestirmek için uyuyakalmıştım ki, mühim bir hakikat-i gaybiye bir pencere suretiyle o mana âleminden açıldı:

*"Şöyle ki: Süt annemden ayrılıp tekrar İstanbul'a, doğduğum merkezi semtlerden epey uzak olan buradaki ikinci ikametgâhım olan İkitelli'nin, dağ ve derelerinde geçirdiğim çoğu sıkıntılı **17** yıllık köy hayatını düşünüyordum. Gerçi, şimdiki dönemde İstanbul'un en çok gelişen bölgesi ve merkezi yeri burası oldu diyebilirim, fakat o zamanlar daha henüz gelişmemiş ve dışarıdan çokça göç alan İstanbul'un ücra bir kenarında yer alan kuş uçmaz kervan geçmez küçük bir köy kasabasıydı. Hatta, o eski dönemlerde şehir içine*

*gitmek için bir otobüs veya minibüsü bulmak için dahi zorlanırdık. Bu yüzden ilk ciddi eğitimimi aldığım Lise ve Üniversite hayatım bu ulaşım problemleri yüzünden oldukça zor ve sıkıntılı geçti diyebilirim. Gerçi çocukluk ve gençlik dönemimin önemli bir kısmı (yaklaşık **20** yıl) artık kendi köyüm olarak benimsediğim bu ücra köy kasabasında geçmişti ki, o eski dönemlerde çocukluk arkadaşlarımla koşuşup oynadığım o uçsuz bucaksız buğday tarlaları ve şırıl şırıl altın huzmelerini parıldatarak akan hamam deresi boyunca uzanan yüksek kavak ve ardıç ağaçları boyunca binlerce kuş sesinin ve cıvıltılarının eşliğinde yaptığım yürüyüşleri ve seher vaktinde buğulu bir rüzgarın yemyeşil yaprakları olan yüzlerce ağacın dallarını sonsuz bir neşeyle hışırdatması ve bu neşe ile uyanan ve canlanan tabiat ve baharın adeta yeniden dirilişi bu sonsuz neşe kaynağımı oluşturuyordu ve bütün sıkıntılarımı adeta hiçe indiriyordu. Hatta öyle bir halet-i ruhiye içerisinde idim ki, sanki buraya kainat kitabını okumak için getirilmiştim ve hemen hemen her gün tabiatla baş başaydım ve her bir yeni güne yeni bir umutla ve artan bir heyecanla o atmosferin içerisine yeniden dalıyordum. Her neyse.. Hatta o zamanlarda hissettiğim bu huzur ve manevi ortamı, her gün yüzlerce reklamı yapılan şimdiki en lüks doğa cennetlerinde dahi bulamıyorum. Babam bu küçük köydeki marangozluk işlerini yürütüyordu. Köyde başka marangoz olmadığı için ben de zamanımı marangozluk öğrenerek ve ona yardım ederek geçiriyordum. Hatta buraya yerleştikten sonra köy ahalisi, annemin olmadığını bildiği için ve bu köyde bir adet olarak halk arasında herkes annesinin ismiyle çağrıldığı için bana farklı olarak "**Marangoz'un oğlu**" lakabını takmıştı. Kısa bir süre sonra, bütün köy beni bu lakapla tanıdı. O eski dönemlerimdeki bu küçük ve şehir içinden uzak kapalı köy hayatı beni çok mutlu ediyordu. Yaklaşık 10 yıllık bir dönemim bu şekilde mutlu ve huzurlu geçmişti. Ne var ki, o cennetmisal halet-i ruhiye zamanla şehrin ve köyün kalabalıklaşması ve Avrupa'nın en büyük küçük ölçekli sanayi sitesinin buraya yapılmasına karar verilmesiyle yavaş yavaş o doğal ortam* zamanla yok olmaya başladı ve **1990**'lı yıllardan sonra dünyanın diğer pek çok yerinde de olduğu gibi yerini cehennem-misal koşuşturmalı ve mücadeleci bir hayat tarzına bıraktı. Oysa, hatırladığım kadarıyla bu dönemden geriye kalan; bunca koşuşturmaya rağmen, o eski halime göre elime geçen, tahsil ettiğim hakikat-i ilmiyenin ve sağlam bir temele oturmuş olan ciddi bir Kur'an eğitiminin haricinde pek az bir şeydi. Yani maddi olarak bir şey kazanmadığım gibi, sıkıntılarım azalmıyor; zamanla daha da süret peyda ediyordu. Fakat bununla birlikte, özellikle akademiye girdikten sonra; ilmi yönden oldukça inkişaf etmiş, dünyaya bakışım ve sabit zannettiğim kısa bakış açılı dünya görüşlerim tamamıyla değişmişti ki, tek teselli kaynağımı bu oluşturuyor, hayat-ı dünyeviye bana bir zevk vermiyordu. Hatta hangi tarafa baksam, sahte bir hayat ve gösteriş meraklısı bir yaşam ile aldatılmış milyonlarca benim gibi genç insanı görüyordum. Fakat bu teselli kaynağım da, zaman zaman araya giren hastalıklar ve üzüntüler sebebiyle bölünüyor ve çoğu zaman tamamıyla sükut ediyordu. Yine bu dönemde, özellikle babaannemin uzun süredir (Çocukluğumdan beri yaklaşık **30** yıl devam eden şiddetli bir felç hastalığı ki, babaanneme bu felç –nüzul- hastalığı ben doğduktan bir hafta sonra rahmet-i ilahiye tarafından belki dünyevi sıkıntılarına bir kefaret olarak geşmiş ki, yine **30** yaşımı tamamladığım sıradaki hastalığın son haddine varan bir zamanında, **17 Ağustos 2006** tarihindeki üzücü vefat haberi bu manevi rahmet-i ilahiyeyi doğruladı) felçli olarak hayata tutunmaya çalışması ve onun ihtiyaçlarını karşılayabilmek için koşuşturmak, akademik çalışmalarımın dışındaki en büyük zaman harcadığım mesele haline gelmişti. Hayatımın bir kısmı akademik ilmi kitap yığınlarının ve derinlikli bir şekilde yürüttüğüm tahkiki araştırmaların içerisinde geçerken; görünmeyen ve asıl gerçeklik olan diğer kısmı ise, ister istemez çoğu zaman hastane kuyruklarında ilaç almak üzere beklemek için veya evdeki diğer ihtiyaçları karşılamak üzere hayatı idame ettirmek için gerekli gıda ve erzak gibi temel ihtiyaçları karşılamak *üzere Büyükşehir belediyesinde her zaman büyük kitleler halinde sırada bekleyen bir kısım fakir ve yardım isteyen halk kesiminin içerisinde geçiyordu. Belki inanılmaz gibi gelebilir ama bu dönemde, çok büyük bir tezat yaşıyordum ki; hayatımın yarısı ekonomik olarak en üst tabakadaki insanların ve çoğu varlıklı insanlar olan akademik camianın içerisinde geçerken; diğer yarısı ise, ekonomik olarak en alt alt tabakada yer alan ve bazen bir ilaç parası veya ekmek alacak parayı dahi bulamayan insanların arasında geçiyordu. Bütün bunlara şahit oldukça hayret ediyor ve bir yandan da harıl harıl pozitif bilimlerle ilgili araştırmalarıma ve tüm bunlara rağmen ara vermeden ilmi tahsilime devam ettiğim gibi; hayatı ve insanları anlamaya, yaratılış gayemin mantalitesini kavramaya çalışıyor, Ben kimim? Niçin bu kainata geldim? Yaratılış amacım ve gayem nedir? Tüm bu kalabalıklar ve ben, yani kendim nereye doğru gidiyoruz? Sonumuz ne olacak? gibi soruları kendime sormaya devam ediyordum. Bu arada o kalabalık toplulukları gördükçe, toplumun diğer görünmeyen ve belki hiç bahsedilmeyen gruplarına, katmanlarına ve orada yaşanan pek çok ızdırap dolu problemlere de ister istemez şahit oluyordum. Çoğu zaman, bu geniş kitlelerden duyabildiğim ve anlayabildiğim yankılanan tek yekpare ses ise; fakir ve çoğu hayatın ezginliğini en şiddetli bir şekilde yaşamış büyük bir kitlenin yardım kurumu kapılarındaki ekonomik sıkıntılarını dile getiren "Yardım edin!" çığlıklarıyla, hastane kapılarındaki "Hastalığıma bir çare bulun!" şeklindeki yakarışlarıydı."*

İşte böyle elim bir dünyevi halet-i ruhiye, bende devam ederken; bir de iç dünyama, yani görünürde olmayan manevi alemime bir bakayım, orada neler oluyor diyordum ki; şöyle bir perde açıldı ve bana o görmüş olduğum halet-i ruhiyelerin hakikatlerini ve aradığım soruların cevaplarını harika bir tarzda gösterdi:

"Ben ve kıymetli babaannem gayet sarp bir yamacın önünde durmuşuz ve o içerisine girdiğim büyük kitleler halindeki kalabalıklar önümüzdeki vadide toplanmışlar ve hazır duran trenlerdeki vagonlara bindiriliyorlar. Her şey normal gibi görünürken birden yerin altında çok büyük şiddetli bir patlama meydana geldi ki, sanki dünya bir bomba olup patlamış gibi hissettim ve birden her şey, dünya ve içerisindekiler o yamaçtan aşağıya doğru kaymaya ve yuvarlanmaya başladılar. Yuvarlananlar arasında kimler yoktu ki, mühim bildiğim iş adamları, devlet adamları, nice varlıklı zenginler, yöneticiler ve o gördüğüm geniş halk kitleleriyle beraber hayat-ı içtimaiyede ne kadar önemli bildiğim şey varsa yamacın altındaki dev bir tünel tarafından yutulup, diğer tarafa giden bir trenin vagonlarına atılıyorlardı. Daha sonra tren içerisindeki yolcularla beraber hızla hareket edip, her istasyonda bir yolculardan bir kısmını vagonlardan dışarıya, istasyonun kenarlarındaki duvarlarında yer alan küçük küçük deliklere fırlatıyordu. Herkesin atıldığı deliğin üzerinde kendi ismi yazıyordu. Bu arada, ölmüş olduğumu zannettiğim bir durumda iken ve üzerinde kendi ismimin yazılı olduğu bir tünele yöneldiğim bir sırada, arkamdan babannemin sesini işiterek irkildim:

"Murad oğlum, bu ne haldir, yoksa Kıyamet mi kopuyor?" Ben, dedim ki: *"Hayır ana, Cenab-ı hakkın emridir, O her şeyi bu şekilde sevkediyor. Dünya bir imtihandır, bu kalabalıkları sınav yapıyor. Belki de bir nevi Kıyametin bir suretini gösteriyor.."* diyordum ki, sonra birden arkamdan kuvvetli ve heybetli bir ses şöyle seslendi:

"Hakikat-i Kıyamet'i beyan et!" Bu ses üzerine uyandım ve sonra anladım ki, acaib bi rüya görmüşüm ve saate baktım ki, gecenin 12'si olmuş ve her şey normal görünüyor, babaannem de yanımdaki kanepede uyuyor. Ne hikmettendir ki, o gece, 17 Ağustos gecesi gördüğüm bu rüyanın tesiriyle o saatten

sonra beni uyku tutmadı. Derken saat gece 3.02'yi gösteriyordu ki, rüyamda suretini gördüğüm ve manevi alemden işaretini aldığım herkesçe malum olan o üzücü ve çoğu masumları vuran o büyük infilak gerçek oldu ve arz sanki öyle bir patladı ve sallandı ki, büyük kıyametin bir suretini gösterdi. İşte o gece rüyasını gördüğüm o vaka-i gaybiyeden ve gaybi bir işaretten anladım ki, **"Mühim bir infilak olacak, Kur'an'daki Kıyamet hakikatleri açıklanacak ve ahirzamana göre tefsir edilecek ve bu manevi tefsir Kur'an-ı Hakim'in 14. asırdaki temsilcisi ve savunucusu olacak.."**

şeklinde o büyük felaket gelmeden önce onun bir sureti şeklinde o mana aleminde **Hz. Gavs** tarafından, "**Hakikat-i Kıyamet'i beyan et!**" manevi emriyle bana önceden bildiriliyordu.."

◊ ELLİÜÇÜNCÜ PENCERE ◊

☐ YİRMİNCİ HAKİKAT:

AHİRZAMANDAN HABER VEREN
– MÜHİM BİR HADİSTİR –

Ahirzamanda geleceği ve İslamiyeti yenilemek için mücahede edeceği bildirilen ÜÇ MEHDİ'nin ilkine ve cemaatine ilişkin bir hakikat tafsilatıyla Risale-i Nur'da bildirilmiş olup bu meseleyi ona havale ederek; Kıyamet ve Ahirzamanı daha çok ilgilendiren SON İKİSİ'ne ait olan mühim bir hakikat şu hadiste göründü. Şöyle ki:

$$\text{لاَ تَزَالُ طَائِفَةٌ مِنْ أُمَّتِى ظَاهِرِينَ عَلَى الْحَقِّ}$$
$$\text{حَتَّى يَأْتِيَ اللّٰهُ بِأَمْرِهِ}$$

"Ahirzamanda, Kıyamet kopmadan kısa bir süre öncesine kadar ümmetimden hak üzerinde zahiri, açık olarak küfre karşı mücahede eden bir taife bulunacaktır."

hadisi ahirzamanda iman eden ümmet-i muhammediyenin ne zamana kadar devam edeceğini bildirir. Hadisteki;

$$\text{لا تَزَالُ أُمَّتِى ظَاهِرِينَ}$$
$$\text{حَتَّى يَأْتِيَ اللّٰهُ بِأَمْرِهِ}$$

"Ümmetim açıktan açığa devam edecektir.." ve "Allah'ın emri (Kıyamet gelmeden önce, bir rahmet-i ilahiye neticesinde kıyametin dehşetini görmemek için, Allah tarafından vefat ettirilme zamanları) gelinceye kadar.." cümlelerinin makam-ı cifrisi, şeddeli mim ve te ikişer sayılmak şartıyla, sırasıyla **Miladi 2126** ve **Miladi 2130** tarihlerini vererek açıktan **"Açığa devam edecek olan taife-i islamiyenin ne kadar zamana kadar devam edeceğini"** ve **"Ümmet-i muhammediyenin Allah'tan gelen ilahi bir emir ve Kıyamet öncesi son bir müdahale ile vefat ettirilmeleri"** tarihini vererek, İslamiyetin son zamanlarını harika bir tarzda remzen ve dalaleten işaret ederek **15 asır** öncesinden gösterir. Eğer birinci cümledeki, şeddeli mim bir mim (40) olarak sayıldığında makam-ı cifrisi **Miladi 2086** yaparak açıktan açığa devam edecek olan bu son ümmet-i muhammediyenin zamanının başlangıç tarihine işaret eder. İşte bu taife, bu tarihlerde ortaya çıkacak olan üçüncü ve son Mehdi'nin cemaatidir ki; bu mehdi'nin ismini vermek şimdi uygun olmamakla beraber, doğum tarihi **Hicri 1500** veya **Miladi 2076** olarak hatıra geldi ki; demek ki **50** yaşına kadar mücahede edecek daha sonra ise, Allah tarafından diğer mü'minlerle beraber vefat ettirilecek..

◊ ELLİDÖRDÜNCÜ PENCERE ◊

☐ YİRMİBİRİNCİ HAKİKAT:

Yine aynı hadiste yer alan;

$$ظَاهِرِينَ عَلَى الْحَقِّ$$

"**Hak (Gerçek) üzerinde açıkça mücahede edeceklerdir..**"

cümlesinin makam-ı cifrisi, şeddeli kaf bir kaf (100) ve ya-i atıf iki ya (20) sayılmak şartıyla, "الْحَقِّ" "**Gerçek**" kelimesiyle bu son taifeden önce ortaya çıkacak ve uzunca bir süre (yaklaşık **100** yıl) devam edecek bir **Kıyamet Gerçekliği** taifesinin hak üzerinde galip olarak **Hicri 1425** veya **Miladi 2005** yıllarında mücahede-i maneviyesine başlayacaklarına ve bu taifenin Hz. Mehdi'nin, yani ikinci ve gerçek Mehdi'nin şakirdleri tarafından teşkil edileceğine harika bir tarzda işarettir. Eğer şeddeli kaf iki kaf (200) sayılsa, makam-ı cifrisi **Hicri 1525** veya **Miladi 2102** yaparak bu taife-i mücahediyyenin ne kadar zamana kadar devam edeceğine remzen bir işarettir. Aynı zamanda bu taifenin zahiri mücahedesine, yani iman-ı tahkikinin pozitif bilimler yoluyla isbatı demek olan zahiri kutbuna da işaret ederek; bu ahir zamanın en büyük hak galibiyetinin sona ermesiyle gökyüzünden o tarihlerde gelecek olan zahiri bir duman azabı sonrasındaki tabloyu ve semavât-ı ilahiyenin bu hak galibiyetin sona erdirilmesiyle meydana gelen hışmını, açık bir şekilde dile getirmesiyle meydana gelen yaklaşık bir asır sonraki azab-ı ilahiyi beyan eder ve açıkça bildirir.

◊ ELLİBEŞİNCİ PENCERE ◊

☐ YİRMİİKİNCİ HAKİKAT:

Yine aynı hadisteki;

ظَاهِرِينَ عَلَى الْحَقِّ يَأْتِىَ اللّٰهُ بِأَمْرِهِ

"**Allah'ın Hak (Gerçek) emri (Kıyamet) açıkça geldiğinde..**"

cümlesinin makam-ı cifrisi, şeddeli kaf iki kaf (200) sayılmak şartıyla, **Miladi 2222** yaparak açıktan açığa Kıyametin kopma tarihini vererek, ihbar-ı gaybiye-i nebeviyeyi zahiri bir surette tasdik eder ve manen, **"sadakte"**, **"doğru söyledin ya rasulallah!"** der..

◊ ELLİALTINCI PENCERE ◊

□ YİRMİÜÇÜNCÜ HAKİKAT:
FATİHA SURESİNİN AHİRZAMANA BAKAN GAYBİ – BİR SIRRINI BİLDİREN MÜHİM BİR İŞARETTİR –

Fatiha'nın sonunda yer alan;

صِرَاطَ الَّذِينَ اَنْعَمْتَ عَلَيْهِمْ غَيْرِ الْمَغْضُوبِ عَلَيْهِمْ وَلَا الضَّالِّينَ

"Bizi doğru yola, kendilerine nimet verdiklerinin yoluna ilet; gazaba uğrayanlarınkine ve sapıklarınkine değil."

ayetindeki "اَلَّذِينَ اَنْعَمْتَ عَلَيْهِمْ" "Doğru yola, nimet verdiklerinin yoluna" cümlesinin makam-ı cifrisi şeddeli lam bir lam (30) sayılmak şartıyla **Hicri 1507** veya **Miladi 2084** yaparak, sırat-ı müstakimde giden ümmet-i muhammediyenin son dönemlerinin başlangıcına; Eğer şeddeli lam iki lam (60) sayılırsa da, makam-ı cifrisi **Hicri 1537** veya **Miladi 2114** yaparak yine önceki hakikatlerdeki hadiste belirtilen cifri tarihlere yakın olarak, sırat-ı müstakimde giden bir taife-i mücahediyenin son dönemlerine işaret eder. Dolayısıyla, fatiha suresinin en önemli sırlarından birisi olan ve yedinci ayette yer alan bu gaybi işaret, ümmet-i muhammediyenin ve Kur'an-ı Hakim'in galibane ne kadar zamana kadar gideceğini 1500 sene öncesinden haber vermektedir.

Elbette ki, tüm bu işaretlerin birbiriyle uyuşması ve mutabık çıkması Kur'an-ı Hakim'in bize bildirmiş olduğu ve içerisinde saklı bulunan yüzbinlerce mu'cizesinden sadece birkaçıdır. Fatiha'da daha pek çok gaybi işaret olmakla birlikte, konuyu dağıtmamak için şimdilik kısa kestik..

◊ ELLİYEDİNCİ PENCERE ◊

☐ YİRMİDÖRDÜNCÜ HAKİKAT:

KIYAMETİN BÜYÜK ALAMETLERİNDEN BİRİSİ OLAN YE'CÜC VE ME'CÜC MESELESİNİN
– HAKİKATİNİ BİLDİREN ALTI İŞARETTİR –

BİRİNCİ İŞARET:

Enbiya suresinin 96. ayetinde yer alan;

اِذَا فُتِحَتْ يَأْجُوجُ وَمَأْجُوجُ مِنْ كُلِّ حَدَبٍ يَنْسِلُونَ

"Ye'cüc ve Me'cüc serbest bırakıldıklarında (kendilerini engelleyen sedde bir kapı açtıklarında), her tepeden akın ederek çıkarlar.."

{Enbiya, 96}

cümlesinin makam-ı cifrisi, şeddeli lam iki lam (60) sayılmak şartıyla **Miladi 2052** tarihini vererek bu tarihte ye'cüc ve me'cücün çıkarak ahirzamanda insanlığı istila etmesine kuvvetli bir işarettir.

İKİNCİ İŞARET:

Ye'cüc ve Me'cüc'ün ortaya çıkışı yukarıda verdiğimiz ayetle sabit olduğu gibi, şimdi konuyu tarih-i kadim içerisinde anlatarak bu konuya daha detaylı değinen, Kur'an-ı Hakim'de yer alan bir kısım ayetlerden yararlanarak Ye'cüc ve Me'cüc meselesi ile kendilerini engelleyen bu seddin inşa edilmesine değinelim:

Kur'an-ı Hakim'de tarihin eski dönemlerine ait pek çok bilgi bulunmakla birlikte; isimleri bildirilen bazı peygamberlerin hayatlarına ve başlarından geçen olaylara ilişkin çok az bilgi vardır. İşte bunlardan birisi de, Ye'cüc ve Me'cüc kavimlerinin engellenmesi için sağlam bir sed inşa eden ve yaptığı bu çalışmayla belki de modern inşaat mühendisliğinin temelini atan *Zülkarneyn Aleyhisselam*'dır. **Kehf** suresinin **83-99.** ayetleri bu hadiseden ve ye'cüc ve me'cüc'ün ahirzamandaki tekrar ortaya çıkışından detaylı olarak bahseder. Şimdi bu ayetlerdeki konumuzla ilgili olan kısımların cifirsel tarihlerini, bu olayın gerçekleşme zamanını ve bu setin inşa edilme zamanını hesaplayalım.

Haşiye: Bu hesaplamalarda dikkat edilmesi gereken bir nokta da, Kur'an'ı Hakim'de geçen bazı eski peygamberlik bilgilerine ait olayların tarihleri Hz. İsa'nın doğumundan, yani milattan önce gerçekleştiği için, hesaplamayı yaparken bunu göze almalı ve elde edilen bu sonuçların **İ.Ö.** şeklinde verildiğini belirtmeliyiz. Dolayısıyla, Zülkarneyn AS. için de, elde edeceğimiz tarihler de milattan önceki tarihler olarak verilecektir. Aşağıdaki ayette yer alan;

$$\text{حَتَّى إِذَا بَلَغَ مَغْرِبَ الشَّمْسِ وَجَدَهَا تَغْرُبُ فِي عَيْنٍ حَمِئَةٍ وَوَجَدَ عِنْدَهَا قَوْمًا قُلْنَا يَا ذَا الْقَرْنَيْنِ إِمَّا أَنْ تُعَذِّبَ وَإِمَّا أَنْ تَتَّخِذَ فِيهِمْ حُسْنًا}$$

"Güneşin battığı yere varınca, onu siyah balçıklı bir su gözesinde batar (gibi) buldu. Orada (kâfir) bir kavim gördü. "Ey Zülkarneyn! Ya (onları) cezalandırırsın ya da haklarında iyilik yolunu tutarsın" dedik."

{Kehf, 86}

وَجَدَهَا تَغْرُبُ فِى عَيْنٍ حَمِئَةٍ وَوَجَدَ عِنْدَهَا قَوْمًا

"Güneşin battığı yere varınca, onu siyah balçıklı bir su gözesinde batar (gibi) buldu. Orada (kâfir) bir kavme rastladı."

cümlesinin makam-ı cifrisi, sondaki tenvin bir nun (50) sayılmak şartıyla **M.Ö. 2241** tarihini vererek, Zülkarneyn Aleyhisselam'ın Doğuya yaptığı bir yolculuk sırasında ilkel ve kafir bir kavme rastlaması üzerine ve bu kavmin kendilerini tehdit eden yine bir kafir kavim olan ye'cüc ve me'cüc'e karşı yardım istemeleri tarihini verir. Bu tarihten anlaşılıyor ki, bu olay Hz. İbrahim dönemine yakın bir tarihte gerçekleşmiştir.

ÜÇÜNCÜ İŞARET:

Yine bu konuyla ilgili bir sonraki ayetlerde geçen;

ثُمَّ أَتْبَعَ سَبَبًا

"Sonra, yine bir yol tuttu.."

{Kehf, 86}

cümlesinin makam-ı cifrisi, tüm harfler ikişer ve şeddeli mim iki mim (80) sayılmak şartıyla **M.Ö. 2236** tarihini vererek, Zülkarneyn Alehhisselamın ikinci bir yolculuğa çıkması ve yine ye'cüc ve me'cüc'den yakınan başka bir ilkel halkla karşılaşması tarihini verir. Yine, sonraki ayetlerde geçen;

الشَّمْسِ وَجَدَهَا تَطْلُعُ عَلَى قَوْمٍ لَمْ نَجْعَلْ مِنْ دُونِهَا سِتْرًا

"**Güneşin doğduğu yere ulaşınca, onu kendileriyle güneş arasına örtü koymadığımız bir başka halk üzerine doğar buldu.**"

{Kehf, 90}

cümlesinin makam-ı cifrisi, şeddeli şın bir şın (300) sayılmak şartıyla **M.Ö. 2226** tarihini vererek Zülkarneyn AS.'ın bu ilkel kavme rastlaması tarihine denk gelir.

DÖRDÜNCÜ İŞARET:

Yine bu konuyla ilgili bir sonraki ayetlerde geçen;

اِذَا بَلَغَ بَيْنَ السَّدَّيْنِ وَجَدَ مِنْ قَوْمًا

"**İki seddin arasına ulaştığında, (hemen hemen hiç söz anlamayan) ilkel bir halka rastladı..**"

{Kehf, 93}

cümlesinin makam-ı cifrisi, şeddeli sin ve dal birer sayılmak şartıyla **M.Ö. 2201** yaparak; buradaki "السَّدَّيْنِ" **"İki sed"** kelimesiyle ifade edilen ve iki dağ arasına o ilkel kavim tarafından yapılmaya başlanan ve temeli atılan yapay bir seddin, Zülkarneyn AS. tarafından demir kütlesi ile akkor haline gelmiş bir erimiş bakır alaşımının birleştirilerek bir metal malzemeyle doldurulmasıyla bir daha geçit vermemek üzere bu seddin **inşa edilme tarihinin başlangıcına** işaret eder. Hem yine, devamındaki ayetlerden birisi olan, 96. ayette yer alan;

آتُونِى زُبَرَ الْحَدِيدِ حَتَّى إِذَا سَاوَى بَيْنَ الصَّدَفَيْنِ قَالَ انْفُخُوا حَتَّى إِذَا جَعَلَهُ نَارًا قَالَ آتُونِى أُفْرِغْ عَلَيْهِ قِطْرًا

"«Bana, demir kütleleri getirin.» Nihayet dağın iki yanı arasını aynı seviyeye getirince (sed vadiyi doldurunca): «Üfleyin (körükleyin)!» dedi. Artık onu kor haline sokunca: «Getirin bana, üzerine bir miktar erimiş bakır dökeyim» dedi."

{Kehf, 96}

إِذَا جَعَلَهُ نَارًا قَالَ آتُونِى عَلَيْهِ قِطْرًا

"Demir kütlesi akkor haline gelince, «Bana erimiş bakırı getirin de, (inşa edilen seddin) üzerine dökeyim» dedi.."

cümlesinin makam-ı cifrisi, tenvinler birer nun (50) sayılmak şartıyla **M.Ö. 2185** tarihini vererek, **seddin inşa edilerek tamamlanma** tarihine işaret eder.

BEŞİNCİ İŞARET:

مَا اسْطَاعُوا أَنْ يَظْهَرُوهُ وَمَا اسْتَطَاعُوا لَهُ نَقْبًا

"**Öyle ki, Ye'cüc ve Me'cüc O'nu (Seddi) ne aşabildiler ve ne de delip geçebildiler.**"

{Kehf, 97}

ayetinin makam-ı cifrisi, sondaki tenvin iki nun (100) sayılmak şartıyla, **M.Ö. 2249** yaparak Zülkarneyn AS.'ın bu Seddi inşa etmek için Doğu'ya yaptığı yolculuğun başlangıcına; bir nun (50) sayılmak şartıyla, **M.Ö. 2199** yaparak bu seddin inşa edilmeye başlanma tarihine ve sayılmamak şartıyla **M.Ö. 2149** yaparak da; seddin tamamlanması ile birlikte ye'cüc ve me'cüc kavimlerinin seddin arkasına hapsedilme tarihine harika bir tarzda, kendi zamanından bizim zamanımıza olan mesafenin (**1400 yıl**); yaklaşık iki katı bir mesafede bulunan (**2800 yıl**) öncesindeki bir tarihten ve bu zamanda gerçekleşen mühim bir olaydan haber vererek remzen işaret eder. Demek buradan anlaşılıyor ki, istilacı ye'cüc ve me'cüc kavimleri yaklaşık (**4200 yıldır**), şimdi tamamıyla yerin altında kalmış olan bu seddin arkasındadır ve zamanı gelince salıverileceklerdir..

ALTINCI İŞARET:

فَإِذَا جَاءَ وَعْدُ رَبِّي جَعَلَهُ دَكَّاءَ وَكَانَ حَقًّا

"Rabbimin söz verdiği vakit gelince (Kıyamet yaklaştığında), O'nu (Seddi) yerle bir etmesi gerçekleşir.."

{Kehf, 98}

ayetinin makam-ı cifrisi, ye'cüc ve me'cücü engelleyen seddin yıkılışına baktığı gibi; **50'şer** yıl arayla gerçekleşen ahirzamandaki **ALTI SEDDİN** yıkılmasına da bakar;

Birincisi: ARABİSTAN'da Mekke'de hacıların kabeyi tavafı sırasındaki iki tarafı beton bloklarla inşa edilmiş olan uzunca bir tünel olan Arafat yolundaki tünelin çöküşüdür ki; Kehf suresinini 98. ayetinin yukarıdaki cümlesinin makam-ı cifrisi; şeddeli be, kaf ve kef birer sayılmak şartıyla **Hicri 1399** veya **Miladi 1979** yaparak bu olaya bakar ve remzen işaret ederek haber verir.

İkincisi: TÜRKİYE'de Marmara bölgesinde 17 Ağustos 1999 tarihinde gerçekleşen şiddetli depremin etkisiyle yıkılan yollara, otoban köprülerine ve bunun gibi o tarihte gerçekleşen daha birçok yapay seddin çöküşü ve yıkılışıdır ki; şeddeki kef iki kef (40), be ve kaf birer sayılmak şartıyla **Hicri 1419** veya **Miladi 1999** yaparak bu olaya bakar ve remzen işaret ederek yeraltındaki bir seddin yıkılışını remzen haber verir.

Üçüncüsü: AMERİKA'da 11 Eylül 2001 tarihindeki saldırılarla yıkılan ikiz kulelerden oluşmuş iki seddin yıkılışıdır ki; şeddeli be ve kef ikişer, kaf bir sayılmak şartıyla **Hicri 1421** veya **Miladi 2001** yaparak bu tarihte gerçekleşen olaya ve Amerika'da dünyanın dengesini elinde tutan önemli bir ekonomik seddin yıkılışına bakarak remzen işaret ederek haber verir.

Dördüncüsü:AFGANİSTAN'daki Himalayaların arkasında bulunan yeraltındaki **YE'CÜC ve ME'CÜC**'e ait seddin yıkılışıdır ki; şeddeli be ve kef ikişer, kaf bir ve tenvin bir nun (50) sayılmak şartıyla **Hicri 1471** veya **Miladi 2051** yaparak bu tarihte Zülkarneyn AS. tarafından inşa edilen seddin yıkılarak; ye'cüc ve me'cücün ortaya çıkış tarihi olan **2052** tarihinden önce sedde açılacak olan büyük bir gediğe, tarih-i kadim kitabından geleceğe uzanan uzun bir sed halinde sıralanmış olan sayfalardan bir sayfayı yırtarak, **4200** sene öncesine kadar uzanan mühim bir ihbar-ı gaybiyeyi harika bir kronolojik tarih kitabı şeklinde, tarihin karanlıkta kalmış sayfalarını kısa bir cümle içerisinde harika bir tarzda çevirerek mu'cizevi bir tarzda haber verir.

Beşincisi: **AHİRZAMAN**'da Atmosferde yer alan gökyüzündeki bir seddin yıkılışıdır ki; şeddeli be, kaf ve kef ikişer sayılmak şartıyla **Hicri 1521** veya **Miladi 2098** yaparak bu tarihte Atmosferde açılacak olan önemli bir semâvî gedikle hayat-ı dünyeviyenin zorlaşacağını ve insanların bu beladan kurtulmak için *ye'cüc-me'cüc-misal* mağaralara ve yeraltındaki sedlerin arkasına sığınacaklarına harika bir tarzda işarettir. Demek ki, **Duhan-11**'de bildirilen duman hadisesi bu olayın bir sonucudur ki, bu olayın hakikati "*Atmosferin yırtılmasıyla dünyayı koruyan semavi dumanların veya ışınların yeryüzüne isabet etmesi ve akabinde hayat-ı dünyeviyenin zorlaşması olarak anlaşıldı*" şeklinde hatıra geldi.

Altıncısı: Yine **AHİRZAMAN**'da Kainatın büyük ölçekli semâsında bulunan mühim bir seddin yıkılışıdır ki; şeddeli be, kaf ve kef ikişer, tenvin bir nun (50) sayılmak şartıyla **Hicri 1571** veya **Miladi 2148** yaparak bu tarihte Yıldızları, Galaksilerin ve diğer büyük gökcisimlerinin ayakta tutulduğu semâvî kütleçekim kanunlarına ait önemli bir seddin yıkılışıyla **Tekvir** suresinin **2.** ayetinde bildirilen yıldızların ışığının sönmeye başlamasına ve bu ışığı ayakta tutan semavi sedler hükmündeki lambaların sönmeye başlamasına harika ve mu'cizevi bir tarzda işarettir.

Hem bu mühim olayın gerçekleşmesiyle ve semavi lambaların sönmesiyle dahi, iyice karanlıkta kalan ve Kur'an-ı Hakim'in parlak nurundan iyice uzaklaşan insanlığın arkasına sığınıp hayata tutunmaya çalıştığı azim bir seddin dahi, tamamıyla küfre ve inkara meyletmeleri sebebiyle yıkılarak kendilerine musallat olan *dabbet-ül arz-misal* makine, robot veya kanun tanımayan dehşetli virüs veya hastalıklara teslim-i silah etmelerine işaret ederek remzen ve dalaleten haber verir..

◊ ELLİSEKİZİNCİ PENCERE ◊

☐ YİRMİBEŞİNCİ HAKİKAT:

KIYAMETİN BÜYÜK ALAMETLERİNDEN BİRİSİ OLAN DABBET-ÜL ARZ'IN ORTAYA ÇIKIŞINI VE – HAKİKATİNİ BİLDİREN ÜÇ İŞARETTİR –

BİRİNCİ İŞARET:

Neml suresinin 82. ayetinde yer alan;

وَاِذَا وَقَعَ الْقَوْلُ عَلَيْهِمْ اَخْرَجْنَا لَهُمْ دَابَّةً مِنَ الْاَرْضِ تُكَلِّمُهُمْ اَنَّ النَّاسَ كَانُوا بِاٰيَاتِنَا لَا يُوقِنُونَ

"Ve söz (kesinleşmiş ceza), üzerlerine çökeceğinde onlar (inkarcılar) için yerden bir yaratık çıkarırız ki bu (yaratık), (kendi lisan-ı haliyle) insanların göstergelerimize kesin olarak inanmadıklarını söyleyecektir."

{Neml, 82}

اَخْرَجْنَا لَهُمْ دَابَّةً مِنَ الْاَرْضِ

"Yerden bir yaratık çıkarırız.."

cümlesinin makam-ı cifrisi, şeddeli be bir be (2) sayılmak şartıyla **Miladi 2064** yaparak, yerden çıkarak insanlara musallat olacak olan dehşetli bir taife-i hayvaniye veya yapay bir vürüse işaret ederek, Dabbet-ül arz denen yaratığın ortaya çıkış tarihini açıkça bildirerek remzen ve dalaleten işaret edip haber verir.

İKİNCİ İŞARET:

Yine aynı ayette yer alan;

وَاِذَا وَقَعَ الْقَوْلُ عَلَيْهِمْ اَخْرَجْنَا

"**Ve haklarındaki ceza sözü aleyhlerinde gerçekleştiğinde (Dabbet-ül arz'ı) çıkarırız..**"

cümlesinin makam-ı cifrisi de benzer şekilde yukarıdaki tarihe yakın bir tarih olan **Miladi 2061** tarihini vererek, inkarcıların aleyhlerinde gerçekleşen bir söz olarak o tarihlerde yükselişe geçecek olan inkarcı bir fikir sisteminin, yaklaşık bu tarihlerde iyice kuvvet bulmasıyla ve bunun Allah tarafından cezalandırılmasına binaen dabbet-ül arz denilen bir tür hayvanın veya insan vücuduna yerleşerek kemik hücrelerini parçalayan DNA'sı değiştirilmiş yapay bir virüs hücresinin hızla çoğalarak insanlara musallat olması ve dişlerinden kemiklerine kadar kemirerek parçalamasına işaret ederek o dehşetli hayvanı, inkar etmenin hakiki bir bedeli olarak lisan-ı haliyle konuşturur ve çaresi bulunamayan o hastalık ve şiddetli taun sonucunda hastalıktan kırılan ve tüm vücudu bu hayvan tarafından kemirilen insanların ki, son zamanlarda amerikalı bir grup bilim adamının 10 senelik bir çalışma sonucunda herhangi bir canlının dokusuna yerleşerek o canlının DNA'sını değiştiren ve yok eden yapay bir virüs hücresi üretmeleri gibi, bu neviden olacak olan dabbet-ül arzın ortaya çıkışını gösterir ve ona bir numunedir ki, o zamandaki bu inkarcı sistemin kurbanı olan insanların tam olarak iman etmediklerini ilan ve isbat eder.

Ayrıca, her ne kadar ayette geçen bu ifade kapalı olarak yer alıp, bir hayvan türü olarak anlaşılsa da, zamanın geçmesiyle daha ileri bir tarihte ayetin ifade ettiği mana yoruma muhtaç hale geldiği için; bazı modern görüşlere göre bu dabbet-ül arz denen yaratıkların yerden çıkarılan ve bilgisayar teknolojisinin temelini teşkil eden yarıiletken silisyum maddesiyle üretilen mikroçip tabanlı veya çok gelişmiş bir bilgisayar sistemli olan ve yapay sinir ağlarıyla gelişmiş bir akıllı ve düşünebilen robot türü olarak düşünüleceği gibi; kontrolden çıkabilecek olan çok gelişmiş makine sistemleri içeren saldırı silahlarının insanlığa karşı topyekun bir saldırı başlatması olarak da düşünülebilir.

Ayrıca ayetin sonunda yer alan "تُكَلِّمُهُمْ" yani **"Onlarla konuşacaktır!"** ifadesi, bu ihtimali daha da kuvvetlendirmektedir ve bu yaratıkların insan gibi bir konuşma yeteneğine sahip olduğunu kapalı olarak ifade etmektedir. Fakat bununla birlikte, hakikati ve en doğrusunu Allah bilir..

ÜÇÜNCÜ İŞARET:

Sebe suresinin 14. ayetinde geçen;

فَلَمَّا قَضَيْنَا عَلَيْهِ الْمَوْتَ مَا دَلَّهُمْ عَلٰى مَوْتِهِ اِلَّا دَابَّةُ الْاَرْضِ تَاْكُلُ مِنْسَاَتَهُ فَلَمَّا خَرَّ تَبَيَّنَتِ الْجِنُّ اَنْ لَوْ كَانُوا يَعْلَمُونَ الْغَيْبَ مَا لَبِثُوا فِى الْعَذَابِ الْمُهِينِ

"Süleyman'ın ölümüne hükmettiğimiz zaman, onun ölümünü onlara ancak değneğini kemirmekte olan bir kurt gösterdi. Süleyman'ın cesedi yıkılınca cinler anladılar ki, eğer gaybı bilmiş olsalardı aşağılayıcı bir azap içinde kalmamış olacaklardı."

{Sebe, 14}

Ayetinde geçen ve Hz. Süleyman'ın ölümünü haber veren ve "دَابَّةُ الْأَرْضِ" şeklinde "Yer yaratığı" olarak geçen, bir nevi ağaç kurdu yine ahirzamanda ortaya çıkacak olan Dabbet-ül Arz'a bir işarettir. Bu ayette geçen;

دَابَّةُ الْأَرْضِ تَأْكُلُ مِنْسَاَتَهُ

"Dabbet-ül Arz, Süleyman'ın ölümünü onlara haber vererek konuştu."

cümlesinin makam-ı cifrisi şeddeli be iki be (4) sayılmak şartıyla **Miladi 2053** tarihini vererek, dabbet-ül arzın ortaya çıkışını haber veren bir önceki kıyametin büyük alameti olan ye'cüc ve me'cücün ortaya çıkış tarihine işaret ederek o tarihlerde dabbet-ül arzın çıkışının yaklaştığını gayb-aşina gözüyle **1450** sene öncesinden harika bir tarzda görerek haber verir. Hem nasıl ki, Hz. Süleyman'ın asasını kemiren bu ağaç kurtları, onun ölümü ve vefatından haber veriyorsa; şu ayet-i celilede işaret edilen ye'cüc ve me'cüc kavimleri dahi, dabbet-ül arzın çıkışından ve akabinde kainatın ve nev'i insanın ölümü demek olan kıyametin yaklaşmasından harika bir tarzda haber vermesi gayet makuldür..

◊ ELLİDOKUZUNCU PENCERE ◊

☐ YİRMİALTINCI HAKİKAT:

KIYAMETİN BÜYÜK ALAMETLERİNDEN SONUNCUSU OLAN GÜNEŞİN BATIDAN DOĞMASINI VE HAKİKATİNİ BİLDİREN – İKİ İŞARETTİR –

Güneşin batıdan doğmasını bildiren;

إِذَا الشَّمْسُ كُوِّرَتْ

"Güneş, yörüngesinden ayrıldığı zaman.."

{Tekvir, 1}

cümlesinin makam-ı cifrisi, şeddeli şın ve vav ikişer sayılmak şartıyla **Miladi 2065** tarihini vererek, başka hiçbir delile ihtiyaç bırakmadan bu tarihte güneşin batıdan doğacağını açıkça ilan etmektedir. Fakat, ayet kapalı manada (müteşabih) olup, bunun nasıl gerçekleşeceğine ilişkin bir açıklama yapmayarak meselenin detayına girmemektedir. Bununla birlikte, bu önemli astronomik olayın gerçekleşmesi iki şekilde mümkün olabilir:

BİRİNCİ İŞARET:

Büyük bir gökcisminin, güneş sisteminin uzak bir köşesinde dolaşan bilinmeyen bir gezegenin veya o tarihlerde dünyanın yörüngesine girecek olan bir **Kuyrukluyıldızın** dünyaya çarparak yörüngesinin dönme yönünü değiştirmesi ve "**Doğudan Batı**"ya doğru olan dönme yönünün; bu şiddetli çarpmanın etkisiyle "**Batıdan Doğu**"ya doğru yön değiştirmesidir.

İKİNCİ İŞARET:

Güneşten uzun zaman önce çıkan bir ışın demetinin uzak bir gökada yakınındaki bir **Karadelik** tarafından yansıtılarak tekrar güneş sistemine yukarıdaki bulduğumuz tarihte geri dönmesi ve böylece Batıda sabit olarak bekleyen "**İkinci bir Güneş Görüntüsü**"nün oluşmasıdır. Bazı modern Kozmolojik ve Astrofiziksel sonuçlara ve İslâm âlimlerinin bildirdiği ortak görüşlere göre, bu ihtimallerden ikincisinin gerçekleşmesi daha yüksek bir olasılık olmakla birlikte; yine de Kıyametin en büyük ve son alameti sayılan bu işaretin nasıl gerçekleşeceğini en iyi Allah bilir. Dolayısıyla, bu son büyük kıyamet alametinden sonra, tevbe ve iman kapısı kapalı hale geldiğinden ve dünyanın sonunun gelmesi herkes tarafından anlaşılacağı için Kıyametin gelmesi kesinleşmiş ve tam olarak isbatlanmış olur. Bu arada akla şöyle bir soru gelebilir: *Madem, güneşin batıdan doğmasıyla yeni iman etmek kabul edilmiyor, o halde İslamiyet nasıl bu tarihten yaklaşık 70-80 yıl sonrasına kadar devam edebilir?* Bunun cevabını şöyle verebiliriz ki: O tarihlerde iman eden mü'min cemaat azınlıkta ve inkarcı güruh onlara oranla oldukça fazla bir yekun teşkil ettiğinden dolayı, o küçük cemaatin devam eden nesilleri sayıca az olmakla ve geçen yıllara oranla sayıları gittikçe azalmakla birlikte; hızla artan inkarcı grup içerisindeki büyük kesimin iman etmiş olmayacağını ve hatta bu büyük olayın gerçekleştiğini görseler de, sapkınlığa ve inkarda aşırı gitmeye devam edeceklerini ve bunun neticesinde Büyük Kıyametin hızla çoğalan bu gürühun üzerine kopacağını bildirmektedir. Ayrıca tevbe ve imanın kabul edilmemesi bu büyük semâvî olayı görüp de, inanmayan o büyük inkarcı kesim için geçerlidir, yoksa o tarihlerde de ve ondan sonraki kısa bir dönemde de iman edip salih amel işleyen ve azınlıkta olan bir grup mü'min cemaat bulunacaktır.

◊ ALTMIŞINCI PENCERE ◊

□ YİRMİYEDİNCİ HAKİKAT:

KIYAMET SÜRECİNDE YAŞANACAK OLAN BÜYÜK OLAYLAR BİRİSİ OLAN YILDIZLARIN IŞIĞININ AZALMAYA BAŞLAMASI VE KAİNATIN ÖLÜMÜNÜN – YAKLAŞMASINI BİLDİREN BİR İŞARETTİR –

Yıldızların ışığının azalmaya başlamasını bildiren;

وَاِذَا النُّجُومُ انْكَدَرَتْ

"Ve Yıldızların ışığı azalmaya başladığı zaman.."

{Tekvir, 2}

ayetinin makam-ı cifrisi, şeddeli nun iki nun (100) olarak sayıldığında **Hicri 1563** veya **Miladi 2140** yaparak, bu tarihlerde yıldızların ışığının azaltılmaya ve sönmeye başlayacaklarına ve neticesinde büyük kıyametin iyice yaklaşmakta olduğuna kuvvetli bir işarettir. Yıldızların ışığının azalmasıyla evrenin ölümünün gerçekleşmesi gayet mümkündür ki, **Termodinamik** kanunlarına göre evrenin şu anki sıcaklığı **-270,76 °C**'dir. Eğer bu değer, mutlak sıfır Kelvin derecesi olan **-273 °C**'ye düşmesi durumunda, yani evrenin sadece **2, 24 °C** daha soğuması gerçekleşirse ki, ayet bu tarihlerde gerçekleşeceğini ilan ediyor, Kainatın materyalist felsefi görüşlerin iddia ettiği gibi 4-5 milyar yıl veya daha fazla bir süre daha devam etmesi gerektiği görüşü iflas edecek ve evrenin bu olay sonucundaki toplu sıcaklık düşüşüyle birlikte, termodinamik soğumaya ve çöküşe doğru sürüklenmesi, yani Kıyametin kopması kaçınılmaz olacaktır. Fakat modern bilim, bunun aksini iddia eden bulgular etse bile ki, henüz böyle bir bulgu tüm araştırmalara rağmen elde edilememiştir, yine Kıyametin ve Haşrin geleceğine inanmalıyız ve iman etmeliyiz ki, görmeden yani tahkiki olan gaybi iman bunu gerektirir. Yoksa, "*Bilim bu verilere ulaşmamıştır, öyleyse buna inanmam!*" dememeliyiz çünkü bunu bildiren Kainatın yaratıcısı ve o kevni kanunların koyucusu olduğundan, elbette belli bir adete ve sünnetullaha göre süregiden o kanunlarından bir kısmını Haşri ve Ahireti getirmek için ileride iptal edebilir..

◊ ALTMIŞBİRİNCİ PENCERE ◊

☐ YİRMİSEKİZİNCİ HAKİKAT:

KIYAMET SÜRECİNDE YAŞANACAK OLAN BÜYÜK OLAYLAR BİRİSİ OLAN TÜM KARALARIN DENİZLERLE KAPLANMASI VE DÜNYANIN KIYAMETTEN ÖNCE KUSURSUZ BİR SU KÜRESİNE (HYDRO-SPHERE) DÖNÜŞMESİNİ BİLDİREN
– İKİ İŞARETTİR –

Dünya'nın yavaş yavaş suyla kaplanmasını bildiren;
BİRİNCİ İŞARET:

اَفَلَا يَرَوْنَ اَنَّا نَاْتِى الْاَرْضَ نَنْقُصُهَا مِنْ اَطْرَافِهَا اَفَهُمُ الْغَالِبُونَ

"Onlar görmüyorlarmı ki, gerçekten biz arza geliyor ve onu çevresinden eksiltiyoruz. Oysa, üstün gelen onlar mı biz miyiz?"

{Enbiya, 44}

Ayeti, bir başka manada **"Arza geliyor ve onu çevresinden eksiltiyoruz"**, şeklinde yani **"Karaları suyla kaplıyoruz"** ifadesiyle karaların zamanla eksildiğini ve denizlerdeki sularla kaplandığını ifade etmektedir. Bu süreç, tarih içerisinde çok yavaş işlerken; günümüzde hızlanmıştır ve her yıl kıyı kesimleri 5-6 cm. suyla kaplanarak içeriye çekilmektedir. Elbette ki, gelecekte daha çok hızlanacak ve bir gün tüm karalar sularla kaplanıncaya kadar bu süreç devam edecektir. İşte bu ayette bu olayın kesin olarak gerçekleşeceğini bildiren;

$$نَأْتِى الْأَرْضَ نَنْقُصُهَا مِنْ أَطْرَافِهَا$$

"**Yere gelip, onun etrafından eksiltmekteyiz (Küre haline getirip, düzleştirmekteyiz)..**"

cümlesinin makam-ı cifrisi, **Miladi 2176** tarihini vererek dünyanın almaya başladığı bu su küresi (*Hidrosferik-Küp*) şekline ve yeryüzünde canlılığın sona erdiği son dönemlerine işaret eder. Ayette geçen "نَنْقُصُهَا" şeklindeki "**Eksiltiyoruz**" geniş zaman fiili, bu düzleştirme ve karaları eksiltme eyleminin halen devam etmekte olduğu bu tarihten başlayarak, bu durumun nihai olarak Kıyametten hemen önce, yeryüzündeki tüm yüksekliklerin ve tüm çukurlukların tamamen suyla kaplanarak;

İKİNCİ İŞARET:

İnşikak suresi 3. ayette işaret edilen tarihe ve tam bir su küresi durumuna gelmesine kadar devam edeceğini;

$$وَإِذَا الْأَرْضُ مُدَّتْ$$

"**Ve Yer, dümdüz (tam bir su küresi) olduğu zaman..**"

{İnşikak, 3}

ayetiyle, makam-ı cifrisi şeddeli dal iki dal (8) sayılmak şartıyla **Miladi 2188** tarihini vererek, açık olarak bildirir ve remzen işaret ederek haber verir..

◊ ALTMIŞİKİNCİ PENCERE ◊

☐ YİRMİDOKUZUNCU HAKİKAT:

KIYAMET SÜRECİNDE YAŞANACAK OLAN BÜYÜK OLAYLAR BİRİSİ OLAN TÜM DENİZLERİN KAYNAMASINI BİLDİREN
– BİR İŞARETTİR –

Bir önceki işaret edilen hakikatte anlatıldığı gibi, tüm karalar denizlerle kaplandıktan sonra Dünya üst üste gelen birtakım göksel felaketlere (Meteor ve Göktaşı yağmuru gibi) ve yeraltı patlamalarına (Magma püskürmeleri ve Volkan patlamaları gibi) maruz kalacaktır ve bu şekilde, denizler ısınarak gökyüzünden gelen göktaşları ve yeraltından fışkıran kızgın lav parçalarıyla ısınmaya ve buharlaşmaya başlayacaktır. İşte bu hakikati ve Dünya'nın tamamen suyla kaplanmasından sonra, bu felaketler neticesinde Denizlerin kaynamaya başlamasını bildiren;

"Ve Denizler, kaynatıldığı zaman.."

{Tekvir, 6}

ayetinin makam-ı cifrisi, şeddeli cim iki cim (6) olarak sayıldığında **Hicri 1616** veya **Miladi 2190** tarihini vererek, bu tarihte denizlerin kaynatılmaya ve buharlaşmaya başlayacağına işaret ediyor..

◊ ALTMIŞÜÇÜNCÜ PENCERE ◊

☐ OTUZUNCU HAKİKAT:

KIYAMET SÜRECİNDE YAŞANACAK OLAN BÜYÜK OLAYLAR BİRİSİ OLAN ATMOSFERİN TAMAMEN ORTADAN KALKMASINI BİLDİREN
– BİR İŞARETTİR –

Denizlerin buharlaşmaya başlamasından sonra, ard arda gerçekleşen iki büyük felaket Dünyanın, bir zamanlar hayat bulunan fakat şu anda hayat bulunmayan **Venüs** ya da **Mars** gibi bir gezegene dönüşmesine neden olacaktır. İşte, bu felaketler: **Atmosferin ortadan kalkması** ve akabinde **Denizlerin tamamen kuruması** hadiseleridir. Atmosferin ortadan kalkmasıyla ilgili;

إِذَا السَّمَاءُ انْفَطَرَتْ

"Gök (Atmosfer), yarıldığı zaman.."

{İnfitar, 1}

Ayetinin makam-ı cifrisi, şeddeli sin iki sin (120) olarak sayıldığında **Hicri 1635** veya **Miladi 2209** yaparak bu tarihte **"Gök yarılması"** ifadesiyle Atmosferin tamamen ortadan kalkmasına işaret etmektedir..

◊ ALTMIŞDÖRDÜNCÜ PENCERE ◊

□ OTUZBİRİNCİ HAKİKAT:

KIYAMET SÜRECİNDE YAŞANACAK OLAN BÜYÜK OLAYLAR BİRİSİ OLAN DENİZLERİN TAMAMEN KURUMASINI BİLDİREN
– BİR İŞARETTİR –

Tüm Denizlerin buharlaşarak tamamen kurumasıyla ilgili;

وَاِذَا الْبِحَارُ فُجِّرَتْ

"Ve Denizler, boşaltıldığı zaman.."

{İnfitar, 3}

ayetinin makam-ı cifrisi, şeddeli cim iki cim (6) olarak sayıldığında **Hicri 1636** veya **Miladi 2210** yaparak bu tarihte tüm denizlerin kurumasına işaret eder. Bu ayetten anlıyoruz ki, bir önceki hakikatten elde edilen cifri sonuca göre, Atmosferin ortadan kalkmasıyla birlikte buharlaşmaya başlayan denizler yaklaşık 1 yıl içinde tamamen kurumaktadır. Dolayısıyla buradan anlıyoruz ki, denizlerin ve dünyada var olan suyun varlığını devam ettirebilmesi için atmosfere gereksinim duyulmaktadır.

Atmosferin bir kalkan görevi yapan suyu tekrar yoğunlaştırması ve yağmurla geri çevirmesi ile göktaşlarına yeryüzünü kalkan yapması gibi önemli vazifelerin iptaliyle yeryüzü daha artık suyu yüzeyinde tutamaz hale gelir ve neticesinde tabiatın ve canlılığın temelini oluşturan su da Kıyamet kopmadan önce yeryüzünden tamamıyla kaldırılır.

◊ ALTMIŞBEŞİNCİ PENCERE ◊

☐ OTUZİKİNCİ HAKİKAT:

SURUN BİRİNCİ KEZ ÜFÜRÜLMESİYLE BİRLİKTE KABİRLERDEKİ TÜM ÖLÜLERİN YENİDEN DİRİLTİLMESİNİ BİLDİREN

— BİR İŞARETTİR —

Maddeci ve Materyalist düşünce sisteminin şiddetle reddettiği ve birçok kimsenin inkara sapmasına neden olan, bu mu'cizevi olayın kesin olarak gerçekleşeceğini Allah (C.C.) va'detmiştir ve elbette yapacak ve Haşri gerçekleştirecektir. Bu mesele, Kur'an-ı Hakim'in yaklaşık üçte birinde detaylı olarak bahsedilen en önemli dini meslelelerden birisidir. Tüm insanları, Hz. Adem'in soyundan ve O'nu da basit bir çamur karışımı olan topraktan yarattığı gibi; ikinci kez de tüm insanları yeniden ve aynen farklı bir tarzda kurutulmuş ve düzeltilerek tam bir küre haline getirilmiş yeryüzü toprağına gökten nutfe-misal bir yağmur yağdırarak, toprağın bağrında bir çiçek veya bir tomurcuk veya ekilen bir yumurta hücresi gibi onun içerisinden yeniden halkedebilir ve edecektir de.

Sonra, o kabuğunu kıran insanoğlu bambaşka bir şekilde ve vücutta, bambaşka bir alemde gözünü açacaktır. Bu hakikat çok uzundur. Her neyse.. İlk kez yaratanın, İkincisini de yapmaya muktedir olduğunu ve buna gücü yeteceğini ilan ve isbat eden Kainatta yeteri kadar delil mevcuttur. Bu isbatları, o sayısız delillere havale edebiliriz. İşte, bu azim olayın gerçekleşme tarihine ilişkin bir işaret İnfitar suresinin 4. ayetinde şöyle geçmektedir:

$$\text{وَاِذَا الْقُبُورُ بُعْثِرَتْ}$$

"Ve Kabirler, altüst edildiği zaman.."

{İnfitar, 4}

ayetinin makam-ı cifrisi, **Miladi 2219** tarihini vererek, "Kabirlerin altüst edilmesi" ifadesiyle kabirlerdeki ölülerin yeniden diriltilerek, tüm ölmüş ruhların cesedlerine iade edilmesine ve neticesinde Ahiret hayatının başlangıcına kuvvetli bir tarzda işaret etmektedir..

◊ ALTMIŞALTINCI PENCERE ◊

☐ OTUZÜÇÜNCÜ HAKİKAT:

SURUN İKİNCİ KEZ ÜFÜRÜLMESİYLE BİRLİKTE GÖKYÜZÜNDEKİ TÜM GÖKCİSİMLERİYLE BERABER KAİNATIN BÜYÜK ÖLÇEKLİ KIYAMETİNİN KOPMASINI BİLDİREN
– BİR İŞARETTİR –

Bilindiği gibi, **İsrafil AS.**'ın **Sur**'u **üç** kez üfürülecektir.

Birinci ve ilk üfürülüşte, kabirlerdeki tüm ölmüş ruhların yeniden diriltilmesiyle Ahiret ve Mahşer alemi başlamış olacaktır.

İkinci üfürülüşte, tüm kainat içerisindekilerle beraber yok edilecek ve yeniden farklı bir tarzda sonsuz olarak var edilecektir. İşte bu yeniden diriltilme ve inşayla beraber, Haşir yeri ve Mahşer maydanı da tüm canlı ruhların sorguya çekilmesi için yeniden farklı bir tarzda düzenlenecektir.

Üçüncü ve son üfürülüşte ise, tüm ruh sahibi canlı varlıkların mahkemesi, Şeytan'ın mahkemeye çağırılmasıyla başlatılmış olacaktır.

İşte, Sur'un ikinci üfürülüşüyle birlikte, tüm kainat içerisindeki Gezegenler, Yıldızlar ve Galaksiler gibi v.b. tüm gökcisimleri çarpıştırılarak ve yörüngelerinden fırlayarak çok gürültülü ve eşi görülmemiş bir kıyameti koparacaktır ki, Vahiy kaynaklarında bildirilen esas **Büyük Kıyamet** hadisesi bu olaydır. Dolayısıyla, bu azim olayla birlikte, büyük ölçekte Kainatın Kıyameti de kopmuş olacağı için, bu tarihten sonra zaman da sona ermekte ve sonsuz bir zaman ve mekana sahip olan Ahiret hayatı başlatılmış olmaktadır. Bu azim olayın gerçekleşme tarihi ise, tarihin ve dolayısıyla da **Zamanın Sonu** anlamına gelmektedir.

Bu olayın gerçekleşme zamanı, Tekvir suresinin 11. ayetinde şöyle geçmektedir:

وَاِذَا السَّمَاءُ كُشِطَتْ

"Ve Gök (Kainat), sıyrılıp alındığı zaman.."

{Tekvir, 11}

Ayetinin makam-ı cifrisi şeddeli sin iki sin (120) sayılmak şartıyla, nasıl ki canlı bir ruh öldüğü sırada bedeninden sıyrılıp alınıyorsa **Hicri 1648** veya **Miladi 2222** tarihini vererek bu tarihte Kainatın mevcudâtından sıyrılıp alınarak vefat ettirilmesine ve Büyük Kıyametin kopma tarihine açık olarak işaret eder...

Daha çok işaret vardı,

fakat şimdilik kısa kestik..

Vesselâm...

HUVE-L MUHYÎ VE-L MURÎD..

ZÂLÎKE-L YUHYÎ VE-L YUMÎT..

VE RABBU-S SEMÂVÂTÎ VE-L ARD..

VE HUVE-L ALÎMU-L HAKÎM.. .

NOTLAR:

www.ingramcontent.com/pod-product-compliance
Lightning Source LLC
LaVergne TN
LVHW040142080526
838202LV00042B/2996